Jean Georges Ploner / Hans-Jürgen Hartauer

50 Wege zu mehr Profit in der Bar

Jean Georges Ploner / Hans-Jürgen Hartauer

50 Wege
zu mehr Profit
in der Bar

Tipps & Tricks aus der
täglichen Praxis

Deutscher Fachverlag

Die Deutsche Bibliothek – CIP-Einheitsaufnahme

50 Wege zu mehr Profit in der Bar : Tipps & Tricks aus der täglichen Praxis / Jean Georges Ploner ; Hans-Jürgen Hartauer. - 1. Aufl.. - Frankfurt am Main : Dt. Fachverl., 2002
(Erfolg in der Gastronomie)
ISBN 3-87150-781-4

ISSN 1618-5099
ISBN 3-87150-781-4
© 2002 by Deutscher Fachverlag GmbH, Frankfurt am Main.
Umschlag: Simmel-artwork, Offenbach am Main
Druck und Bindung: Lengericher Handelsdruckerei, Lengerich

Inhalt

Danke!

Es gibt zu diesem Buch kein Vorwort, das sowieso niemand liest. Wir möchten lieber gleich loslegen. Allerdings erst, nachdem wir uns bei den Menschen bedankt haben, die uns bei diesem Buch geholfen haben.

Unser aufrichtiger Dank gilt …

Connie Anken
Christine Koch
Michaela Hartauer
Uwe Christiansen
Birte Horn
Thomas Lange
Pierre Nierhaus
Jürgen und Lorenz Strasser
Willy Faber
Christoph Aichele
Herbert Zötler
Philip Dean Kruk
Dr. Ralph Diehl
Peter Häfner

… die uns sehr unterstützt haben, an uns geglaubt haben und ohne die es dieses Buch nie gegeben hätte. Einen ganz lieben Dank!

Jean Georges Ploner
Hans-Jürgen Hartauer

Bevor Sie weiterlesen

Willkommen im Zeitalter von Steppaerobic, im Zeitalter von regelmäßiger sportlicher Betätigung und funktionellen Nahrungsmitteln mit linksdrehenden Milchsäurebakterien! Ob es nun daran liegt, dass die Menschen bewusster leben oder nur daran, dass die Gesetzesregelungen hinsichtlich Alkohols am Steuer strikter geworden sind, die Leute *trinken* nicht mehr so wie früher. Und während die In-Getränke plötzlich aus Cappuccino-Varianten bestehen, wird Alkohol immer teurer. Da immer neue Lokale und Bars wie Pilze aus dem Boden schießen, sehen Sie sich immer mehr Wettbewerbern und immer weniger Alkoholgenießern gegenüber. Möchten Sie da nicht auch lieber einen Suppen-Shop eröffnen und den Leuten richtig gesundes Essen anbieten?

Aber zum Glück haben wir ja keine Prohibition nach früherem amerikanischem Vorbild! Trotz steigender Preise weist Alkohol noch immer die größte Gewinnspanne Ihres Angebotes auf! Je mehr Sie ausschenken, desto besser können Sie Mengenrabatte nutzen – und desto besser sieht es bei Ihren Einnahmen aus!

Der erste Schritt, Ihre Gewinne zu maximieren, besteht darin, das Geschäft an der Bar als Spiel um Cents zu betrachten. Schließlich liegt Ihr Gewinn bei Getränken selten über einem Euro. Sie verlieren jedes Mal, wenn hinter der Bar verschwendet wird, einige Cent pro Euro: wenn der Barkeeper vergisst, Upgrades anzubieten (oder auch nur unsauber eingießt) oder wenn Sie es versäumen, Gäste durch gutes Marketing überhaupt erst in Ihre Bar zu holen.

Um diese sich deutlich summierenden Centbeträge Ihrem Gewinn zuschlagen zu können, müssen drei Dinge passieren:

1. Sie sollten Ihren Betrieb fest im Griff haben. Das heißt, Einkauf und Lagerhaltung optimieren, Kosten begrenzen und die Be-

ziehungen sowohl zu Ihren Lieferanten als auch zu Ihren Mitarbeitern gut pflegen.

2. Ihre Mitarbeiter müssen über eine exzellente Kenntnis Ihres Angebotes verfügen – und dann auch über die Techniken, es zu verkaufen.

3. Ihr Marketing muss effektiv sein. Nicht nur, damit die Gäste kommen, sondern auch, damit sie bleiben und mehr Geld für alkoholische Getränke ausgeben. Schließlich auch dafür, dass sie wieder kommen – am besten mit ihren Freunden.

Die folgenden 50 Ideen werden Ihnen helfen, Cents in Euro zu verwandeln, damit unter dem Strich etwas für Sie übrig bleibt.

Damit Sie aus diesem Buch den größten Nutzen ziehen können, haben wir es in drei Kapitel unterteilt:

Kapitel 1

„Der Manager" wird Ihnen zeigen, wie Sie die Einrichtung Ihrer Bar gestalten, wie Sie das Verhältnis zu Ihrem Lieferanten verbessern, Ihre Kosten in Grenzen halten und den Einsatz Ihrer Mitarbeiter optimieren können.

Kapitel 2

„Die Mitarbeiter" gibt einen Überblick über Trainingstechniken zur Vertiefung der Produktkenntnisse, zur Steigerung der Kundenfreundlichkeit sowie zum Verkauf hochwertiger Getränke und zum verantwortungsbewussten Alkoholausschank.

Kapitel 3

„Die Gäste" führt Sie in effektive Marketingtechniken ein, mit denen man die Besucherfrequenz erhöht und den Umsatz pro Gast deutlich steigert.

Wir haben dieses Buch so gestaltet, dass es bei all seinem Nutzen für Sie eine unterhaltsame Lektüre ist. Deshalb wird Ihnen jede der folgenden 50 Ideen mit Anwendungstipps, Techniken, Lehrbeispielen, Merksätzen und Wettbewerbsideen serviert. Eine Idee nach der anderen ist durch ihre griffige Darstellung leicht zu erfassen und gut zu merken – eine Idee pro Woche im Verlauf eines Jahres oder jeden Tag eine, ganz wie Sie wollen.

Jede Betriebsart kann Nutzen aus diesem Buch ziehen: das Edelrestaurant ebenso wie das Themenrestaurant, das Outlet einer Pizzakette oder die Kneipe an der Ecke. Sicher – was sich für Ihren Betrieb als besonders effektiv herausstellt, mag für den nächsten in der Straße gar nicht zutreffen. Suchen Sie sich die Ideen heraus, mit denen Sie sich wohl fühlen, die sich für Sie anbieten (und lassen Sie die anderen Ideen für den anderen Betrieb stehen).

Haben Sie das Buch erst einmal vollständig gelesen, können Sie die Ideen anhand des Aktionsplans (Seite 220) umsetzen. Hilfreich sind dabei auch die darauf folgenden Kapitel „Barmanagement-Strategie", „Strategien für das Mitarbeitertraining" und „Marketingstrategie" (Seite 221 bis 223).

Kapitel

Der Manager

Worin liegt das Geheimnis des maximierten Gewinnes einer Bar? In den Details! So sehr Sie auch versucht sein mögen, die Verantwortung anderen zuzuschieben, es liegt an Ihnen, dafür zu sorgen, dass diese Details beachtet werden und dass jeder Cent zählt.

Gewinne machen wir centweise, Verluste jedoch euroweise. Selbst wenn Sie den Ausschank voll im Griff haben und kein einziger Tropfen zu viel ausgegeben wird – es bleiben zahlreiche kostspielige Möglichkeiten, Verluste zu machen: Glasbruch, verdorbene Garnierfrüchte, Wartung der Eismaschine, ein tropfender Zapfhahn ...

Auf den folgenden Seiten finden Sie 16 Ideen, die Ihnen helfen, Verlusten entgegenzuwirken. Sie lernen, bei Ihren Lieferanten die besten Konditionen für sich herauszuholen. Sie lernen, wie Sie sicherstellen, dass die Lieferungen auch den Bestellungen entsprechen. Sie lernen, die Kosten all der „Kleinigkeiten" zu kontrollieren, seien es Servietten oder Papierschirmchen für den Drink – und Sie lernen, wie Sie ihre Mitarbeiter an der Bar und im Service so schulen können, dass sie den Umsatz steigern helfen.

Genau nach Maß!

Der Goldene Standard

Barkeeper einstellen und führen

Gute Barkeeper sind nicht mit Gold aufzuwiegen – nicht nur bildlich gesprochen. Denn wenn die Drinks exakt abgemessen und eingeschenkt, perfekt gemixt und außerdem auch noch schnell und effizient serviert werden, können Sie sich auf ein gutes Geschäft verlassen. Leider werden Sie dennoch immer wieder auf Barkeeper stoßen, die nur in die eigene Tasche arbeiten: Sie stecken Trinkgelder ein, die sie sich mit überaus großzügig eingeschenkten Drinks verdienen, und ab und an schenken sie ihren Freunden einen „aufs Haus" ein.

Wenn Sie nach einem guten Barkeeper suchen, sehen Sie sich nach jemandem um, der Persönlichkeit hat und seine Technik beherrscht. Ein Kandidat, der die meisten Cocktailrezepte auswendig im Kopf hat, muss nicht unbedingt seinen Job am besten beherrschen. Für Sie ist es, so gesehen, fast besser, einen Barkeeper zu beschäftigen, der das Rezeptbuch unter dem Tresen hat, als einen Meistermixer, der mehr einsteckt, als er verkauft. Optimal ist eben derjenige, der schnell lernt und ehrlich ist.

Ein bewährtes Mittel, sich solcher unkontrollierbarer „Freibierspender" zu erwehren, ist, wenn Sie oder ein Mitarbeiter immer mal wieder hinter der Bar nach dem Rechten schauen – besonders während der umsatzstärksten Zeiten. Die Präsenz des Managements zwingt die Barkeeper nicht nur zur Ehrlichkeit, sie ist auch eine zusätzliche Hilfe, wenn das Geschäft boomt. Trainieren Sie Ihre Mitarbeiter, gut aufzupassen. Überlegen Sie sich, was Ihre Stammgäste trinken und wer die Freunde Ihres Barkeepers sind. Führen Sie regelmäßige

Kontrollen der Barkasse durch, um jeden Diebstahl innerhalb kürzester Zeit aufzudecken. Auch dann, wenn mehr Geld in der Kasse ist, als die Quittungen belegen, haben Sie einen Mitarbeiter, der einen Lehrgang im Umgang mit Geld benötigt. Meistens, so sollte es jedenfalls sein, decken Sie geringe Diskrepanzen selbst auf. Wenn die Kasse zum Beispiel angibt, dass 22 Jägermeister verkauft wurden, aber eine ganze Flasche fehlt, haben Sie vielleicht einen Barkeeper mit Bleihand. Zu viel Großzügigkeit kann die Zahlen unter dem Strich ganz deutlich zu Ihren Ungunsten beeinflussen.

Was kosten ein paar Tröpfchen pro Glas zu viel? Vielleicht sehr wenig, wenn es „mal passiert", etwa 10 Cents je Glas, aber 200 zu großzügig eingeschenkte Drinks können Sie 20 Euro pro Schicht kosten, 140 Euro pro Woche, 7840 Euro im Jahr! „Peanuts", würde die Bank sagen, aber vielleicht doch Geld für Sie?

Die Lösung? Erlauben Sie nie und nimmer freihändiges Einschenken. Nutzen Sie stattdessen Systeme, die den Ausschank vormessen, außerdem Messbecher für die Cocktails. Kaufen Sie Qualitätsgläser mit gut sichtbaren Eichstrichen (das ist zum Teil sogar Pflicht) und machen Sie immer wieder Speedtests und Pourtests mit allen Ihren Leuten. Und behalten Sie Ihre Barkeeper im Auge.

TIPP

Maß für Maß

Einige Vertreter des freihändigen Einschenkens sagen, dass dem Gast eine negative Botschaft vermittelt werde, wenn man einen Messbecher benutzt: Der Gast würde die Bar als geizig empfinden. Aber, wie ein Barmanager einmal sagte: „Jeder Barkeeper, den ich entlassen musste, hat genau dieses Argument ins Feld geführt." Die Tage des vier Finger hoch eingeschenkten High Balls sind einfach gezählt – und die Gäste wissen das ebenfalls (oder sind zu jung, um sich an die „guten alten Zeiten" zu erinnern). Barkeeper können den Messbecher mit Schwung und Gefühl einsetzen, ohne dass ein Gast irgendeinen Gedanken daran verschwendet. Außerdem ist der Moment, in dem Sie beginnen, etwas zu verschenken, derjenige Moment, in dem Ihr Betrieb den Bach runtergeht. Es gibt andere Wege, den Gast mehr als zufrieden zu stellen: ein gutes Preis-Leistungs-Verhältnis, aufmerksamen Service sowie Spaß und Unterhaltung, um nur einige zu nennen. Damit das Messen nicht kleinlich wirkt, kalkulieren Sie Ihre Getränke so, dass der Barkeeper immer ein wenig über dem Strich einschenken kann.

Pourtest

Mit dem Training „Exaktes Einschenken" (Pourtest) können Sie Ihren Wareneinsatz senken. Außerdem haben Sie die Sicherheit, dass die Cocktails immer gleich schmecken.

Einer schenkt ein (die Flaschen werden mit Wasser gefüllt) und der andere bewertet. Entscheidend ist, dass nichts verschüttet wird (Punktabzug).

Anreiz: Nach dem ersten Training wird ein Sieger ermittelt (höchste Punktzahl). Wer diese Punktzahl beim nächsten Training überbietet, bekommt einen Preis.

Ein Beispiel für einen Pourtest:

Arten des Einschenkens	1 Glas	2 Glä- ser	3 Glä- ser	4 Glä- ser	Zu wenig (-1)	Zu viel (-2)	Exakt 5 Punkte pro Glas	Total
4 cl in vier Gläser mit einer Flasche (slide*)				Ein Dash zu viel oder zu wenig ist als Toleranz erlaubt.				
4 cl in vier Shaker mit einer Flasche (bounce**)								
2 x 2 cl in 4 Shaker mit einer Flasche								
3 cl + 1 cl in 4 Shaker mit einer Flasche								
2 cl + 2 cl mit 2 Flaschen in 4 Gläser								
4 cl in 4 Gläser mit 2 Flaschen								
3 cl + 1 cl in 4 Gläser mit 2 Flaschen								
4 Gläser, 2 Flaschen 1. 4 cl, 2. 8 cl, 3. 4 cl, 4. 8 cl Beginne und ende mit beiden Flaschen gleichzeitig!								

Arten des Einschenkens	1 Glas	2 Glä- ser	3 Glä- ser	4 Glä- ser	Zu wenig (-1)	Zu viel (-2)	Exakt 5 Punkte pro Glas	Total
2 cl in 4 Messbecher auf Serviette					Ein Tropfen daneben 1 Punkt Abzug			
Maximale Punktzahl								180
Erreichte Punktzahl								

*„Slide" bedeutet: die Flasche ohne abzusetzen von einem zum anderen Glas zu ziehen. Stellen Sie die vier Gläser eng aneinander, schenken Sie ein und ziehen Sie dann die Flasche zum nächsten Glas, ohne sie abzusetzen usw.

**„Bounce" bedeutet: die Flasche ohne abzusetzen von einem zum anderen Glas „hüpfen" zu lassen. Stellen Sie die vier Gläser in einem Abstand von etwa 2 cm auf, schenken Sie ein und hüpfen Sie dabei vom ersten zum dritten Glas, vom dritten zum zweiten Glas und vom zweiten zum vierten Glas.

Genau die richtige Temperatur!

2 Draft Dodging

Viel Geld verdienen mit Bier vom Fass

Im Vergleich zu Flaschenbieren schätzen Gäste gezapfte Biere als höherwertig ein. Meistens stimmt das ja auch. Aber gezapftes Bier benötigt aufgrund seiner anspruchsvolleren Handhabung und des sensibleren Equipments auch eine sorgfältigere Behandlung. Es kann schon Kopfschmerzen bereiten, die Zapfanlage stets penibel zu warten. Das heißt aber nicht, dass Sie es gleich bleiben lassen sollten. Die Gewinnspanne von Fassbier ist im Durchschnitt etwas höher als die von Flaschenbier, weshalb es Sinn macht, es anzubieten.

Achten Sie deswegen auf folgende Hinweise, wenn Sie den Gewinn beim Ausschank von Fassbier maximieren und Ihren Gästen das frischeste, schmackhafteste Bier ausschenken wollen:

- Bier ist sehr sensibel in Bezug auf Druck und Temperatur und reagiert leicht mit Schäumen. Wird das Bier zu warm, trennen sich Gas und Flüssigkeit. Gasblasen steigen die Leitung hinauf und lassen Schaum und Gewinne gleichermaßen im Ablauf verschwinden.

- Um Ihren Gästen das Bier in gleichbleibender Qualität anbieten zu können, muss der Betriebsdruck (abzulesen am Manometer des Zwischendruckreglers) ermittelt und eingestellt werden. Dies geschieht in Abhängigkeit von Sättigungs- und Förderungsdruck. Die einmal vom Fachmann ermittelte Einstellung sollte nach Möglichkeit nicht mehr verändert werden.

Y Die durch Gärung entstandene biereigene Kohlensäure bestimmt die natürliche Frische des Getränkes und ist entscheidend für eine perfekte Schaumkrone. Daher benötigten Sie beim Fassbierausschank Kohlensäure aus der Flasche, um das Bier herauszudrücken und zu verhindern, dass Kohlensäure aus dem Bier entweicht (Sättigungsdruck). Darüber hinaus dient die Kohlensäure dazu, das Bier vom Fass zum Zapfhahn zu befördern (Förderdruck).

Y Lassen Sie Ihre Kühlung beständig auf 5 bis 8 Grad C laufen und sorgen Sie dafür, dass die Raumtemperatur im Lager nicht durch unnötiges Hinein- und Hinauslaufen der Mitarbeiter erhöht wird.

Y Sorgen Sie auch für eine gute Kühlung der Leitungen! Eine Möglichkeit besteht darin, ein Frostschutzmittel-Wasser-Gemisch (auf 2 bis 3 Grad C gekühlt) durch kupferne Kühlleitungen zu pumpen, die entlang der Bierleitungen befestigt sind. Um beide Leitungen ist Isolierschaum angebracht, um die ausgezeichnet funktionierende Kühlung zusätzlich zu isolieren.

Y Achten Sie sorgfältig auf ausreichenden Druck in Ihrer Anlage. Ohne genügenden Druck fließt das Bier zu langsam und neigt dazu, zu versiegen. Bei zu hohem Druck übersäuert das Bier. Stellen Sie sicher, dass jede Leitung einen Druckregulator in Reserve hat – denn der Druck innerhalb der Fässer variiert nicht nur mit der Biersorte und der Länge der Anschlüsse der Fässer, sondern auch mit der Fließrichtung.

Lagerung

Stellen Sie immer sicher, dass die Fässer in der Reihenfolge ihrer Anlieferung angeschlossen und geleert werden. Als Anhaltspunkt hierfür kann das Datum auf dem Fassetikett dienen. Optimal ist, wenn der Lagerraum so bemessen ist, dass eine ausreichende Vorkühlung der Fässer möglich ist.

... acht Kisten Chardonnay ...

3 Alles am richtigen Ort

Vorräte sinnvoll bestellen und verwalten

„Ausreichender Lagerraum" ist beinahe in jedem gastronomischen Betrieb ein Fremdwort. Das gilt auch für all die Dinge, die in einer Bar ständig gebraucht werden. Flaschenbier und Wein benötigen eine kostspielige (und platzintensive) Kühlung, das Bier vom Fass möchte zudem seinen eigenen gut gekühlten Lagerraum, wenn Sie keine Durchlaufkühlung oder Untertresenkühlanlage besitzen. Da Alkohol anscheinend lange Finger magisch anzieht, gehören Spirituosen und alles, was momentan nicht gekühlt wird, an einen fest verschlossenen Lagerplatz.

Es gibt so viele verschiedene Sorten von Spirituosen und Bier, dass man unmöglich alle auf Lager haben kann, von den verschiedenen Marken ganz zu schweigen. Um den Überblick zu behalten und die Nerven zu schonen, sollten Sie das auch gar nicht erst versuchen. Es sei denn, Ihre Bar wird gerade aufgrund des großen Angebotes besucht und Sie sind in der Stadt dafür bekannt, dass Sie die größte Wodka-Auswahl südlich von Moskau haben. Für alle anderen gilt: Je größer das Sortiment, desto größer der Arbeitsaufwand und der Raumbedarf. Um die größte Effizienz des Sortiments zu gewährleisten, halten Sie es schlank und angemessen. Denken Sie innerhalb Ihres Lagers auch an eine Abtrennung zwischen den hochpreisigen Spirituosen und den Softdrinks beziehungsweise den Produkten mit schnellem Umschlag.

Seien Sie sich bewusst, dass Ihr Lager eine Investition ist, für die es kaum Rendite gibt. Achten Sie genau auf die Angebote, die Ihre Lieferanten Ihnen machen. Meist verdienen diese „Angebote" ihren Namen nicht. Sie verlieren mit jedem Tag Geld, an dem die Ware bei Ihnen herumsteht. Sagen wir zum Beispiel, dass Sie zehn Kartons Gin zu einem guten Preis gekauft haben, aber Ihre Gimlet-Aktion läuft nicht besonders gut und es stellt sich heraus, dass die Marke ihre Popularität verloren hat. Während die Flaschen wertvollen Lagerraum blockieren, macht Ihnen ein anderer Anbieter ein lukratives Angebot für Wodka. Sie wissen zwar, dass Sie den bald umgeschlagen hätten, aber Ihr Lagerraum ist noch immer voll mit Gin. Wenn Sie nicht die Möglichkeit haben, den Wodka anderweitig unterzubringen, müssen Sie auf das für Sie bessere Angebot verzichten. Außerdem: Je größer und unübersichtlicher das Lager, desto größer die Versuchung, etwas mitgehen zu lassen. Wenn Sie zwei Kisten Grand Manier im Regal stehen haben, fällt ein Diebstahl weniger schnell auf, als wenn Sie nur zwei Flaschen auf Lager haben. Bei zwei Flaschen überlegt ein potenzieller Langfinger eher zweimal, ob er zugreifen soll.

Wirtschaftlichkeit in der Lagerhaltung ist also angesagt. Zum Beispiel gibt es durchaus Betriebe, vor allem in der Kategorie Fine Dining, die mit einer einzigen Sorte Bier auskommen, weil die Gäste hauptsächlich Wein bestellen. Überlegen Sie, ob nicht einige Angebote auf Ihrer Getränkekarte gestrichen werden können. Welche Produkte dafür in Frage kommen, hängt natürlich von Ihrer Zielgruppe ab.

Außerdem sollten Sie immer den Überblick über Ihr Lager behalten. Das Bestellen sollte nicht stur einmal pro Woche zum festgesetzten Termin vorgenommen werden. Gehen Sie Ihre Bestände täglich durch, sprechen Sie mit Ihrem Barkeeper darüber, was sich verkauft und was nicht. Bringen Sie vor allem in Erfahrung, was Ihre Stammgäste trinken. Wenn Sie beispielsweise einige Kunden haben, die stets die gleiche, eher außergewöhnliche Biermarke trinken und Sie hören, dass deren Firma aus dem Viertel wegziehen wird – kürzen Sie die Bestellung (oder erwägen Sie, diese Sorte ganz aus dem Angebot zu nehmen). Achten Sie auch auf die jahreszeitlichen Unterschiede bei den von Ihnen benötigten Produkten, am besten, indem Sie darüber Buch führen: mehr Tequila im Sommer – mehr Brandy im Winter.

Manche Betriebe machen den Fehler, dass der Chef oder F&B-Manager alleine bestellt, ohne sich mit dem Barkeeper zu beraten. Es sollte selbstverständlich sein, dass Sie mit Ihren Barkeepern darüber sprechen, welche Getränke gerade „Renner" und welche „Penner" sind. Damit sparen Sie viele Fehlbestellungen und so manchen Euro.

Bleiben Sie Trendsetter

Manche Betriebe überlassen die Bestellungen und die Lagerhaltung ganz den Barkeepern. Obwohl dies dem Barmanager Zeit gibt, sich um andere Dinge zu kümmern, macht es nicht immer Sinn, den Barkeeper mit Managementaufgaben zu betrauen. Barkeeper haben vielleicht einen Überblick über die Qualität der Produkte, aber häufig nicht über deren Gewinnspannen. Ein Angebot, das dem Barkeeper als besonders günstig erscheint, kann sich vom Standpunkt des Betriebes als absolute Fehlinvestition erweisen. Außerdem wirft diese Praxis den Manager aus dem Kreislauf, den er unbedingt überblicken sollte: Verbrauch, Inventar und Bestellungen.

Hat nichts gekostet!

4 Die Kunst des Handelns

Mit den Lieferanten verhandeln

Die Grenze zwischen Verhandeln und Feilschen mit dem Lieferanten ist schmal. Aber wo soll man die Linie zwischen Geschäftstüchtigkeit und schlichter Unvernunft ziehen? Natürlich möchten Sie mit Ihrem Lieferanten so viele Zugeständnisse wie möglich aushandeln und gleichzeitig ihm gegenüber möglichst keine machen. Aber denken Sie daran, dass Ihr Lieferant für sich die gleiche Position beansprucht. Beide Parteien möchten gewinnen. Doch die einzigen, die „gewinnen" sollten, sind Ihre Gäste. Selbst wenn es Ihnen gelingt, einen guten Rabatt auszuhandeln, werden die Preise trotzdem woanders gemacht.

Für gewöhnlich bewegen sich die Preise für Bier, Wein und Spirituosen in einem sehr engen Rahmen. Doch auch wenn das Verhandeln über den eigentlichen Preis meist nicht zur Debatte steht, können Sie auf anderem Wege zu einem besseren Abschluss kommen. Point-of-Sale-Materialien für Ihren Betrieb, die Häufigkeit der Liefertermine, sogar Mitarbeitertrainings, um dieses oder jenes spezielle Getränk Ihres Lieferanten besser verkaufen zu lernen – dies alles sind Möglichkeiten, etwas Positives für sich auszuhandeln.

Lassen Sie Ihre Lieferanten wissen, dass Sie Ware nicht blauäugig abnehmen, sondern dass Sie sich kontinuierlich über Preise und Angebote informieren. Ein geschäftstüchtiger Betriebsleiter wird seine Lieferantenliste ständig überprüfen. Wer sich als unzuverlässig, überteuert oder unkooperativ erweist, wird ersetzt. Diese Vorgehensweise hat nichts mit Misstrauen zu tun und ist auch nicht unfair, sondern beweist den Lieferanten, dass derjenige im Geschäft bleibt, der seine Sache gut macht und etwas von seiner Arbeit versteht. Wer nicht mithält – fällt raus.

Leicht ist man verleitet, den lockenden Promotions nachzugeben. Aber vergessen Sie nie, auch sie müssen für beide Seiten von Nutzen sein. Wenn Sie einem Lieferanten erlauben, in Ihrem Betrieb eine Promotion durchzuführen, liefern Sie ihm Ihren größten Aktivposten auf Gedeih und Verderb aus: Ihren Gästestamm. Seien Sie auf der Hut, dass hier beide profitieren und dass auch Ihre Gäste einen wirklichen Nutzen davon haben.

Bemühen Sie sich um Aktionen, die *Ihrem* Betrieb mehr Umsatz bringen. Stellen Sie sicher, dass Ihre Anbieter nicht nur die Produkte liefern, sondern auch das Trainingsmaterial, mit dem Ihre Mitarbeiter die Produkte an den Mann und an die Frau bringen. Sie haben nichts von einem neuen Produkt, dass wie Blei im Regal steht, weil der Kunde es nicht kennt oder der Mitarbeiter nicht damit umgehen kann. Bestehen Sie darauf, dass Ihre Mitarbeiter mit dem Produkt, seinen Eigenschaften und den Serviermöglichkeiten gründlich vertraut gemacht werden – *bevor* es bei Ihnen im Regal steht.

Und lassen Sie sich nicht für Werbezwecke ausnutzen, indem Sie Ihre Mitarbeiter für Ihren Lieferanten arbeiten lassen – der soll für Werbezwecke selbstverständlich seine eigenen Leute schicken. Es ist auch nicht Ihre Aufgabe, sich den Kopf darüber zu zerbrechen, welche Form der Werbeveranstaltung für einen Lieferanten am gewinnträchtigsten ist – das soll er ruhig selber machen.

Spielregeln

Hersteller kennen die Spielregeln: Der einzige Weg, Ihre Bar zu einem Vertriebskanal für ihr einmaliges neues Getränk zu machen, ist es, durch aufwändige Werbemaßnahmen eine riesige Nachfrage bei den Gästen zu generieren. Erst wenn Sie Einbußen haben, weil Sie dieses Getränk *nicht* anbieten, ist der Hersteller an seinem eigentlichen Ziel. Aber: Solche In-Marken kommen und gehen. Einer Schätzung zu Folge gelangt nur jedes zwanzigste neue Getränk zu einer solchen Popularität, dass der Markt es von allein weiterträgt, bis es zum Standardgetränk wird. Also seien Sie auf der Hut vor den Trojanischen Pferden, mit denen Anbieter Ihre Getränke in Ihren Betrieb schmuggeln wollen: Kaufen Sie nicht zu viel von einem neuen Produkt, nur weil der Werbeaufwand groß und der erste Run darauf gewaltig ist. Fallen Sie nicht darauf herein, wenn ein besonderer Cocktail überwiegend aus dem Produkt Ihres Anbieters besteht – sobald die Werbung dafür eingestellt wird, bleiben Sie darauf sitzen.

5 Flüssiges Gold

Teure Spirituosenlieferungen annehmen

Auf der Empfängerseite einer Spirituosenlieferung zu stehen, ist in etwa so, wie eine Lieferung für Fort Knox zu erhalten. Betrachten Sie Ihr Spirituosenlager als Banksafe – voll mit flüssigem Gold. Eben weil Spirituosen solch ein kostspieliges Gut sind, ist es immer sinnvoll, eine Lieferung zu dritt entgegenzunehmen. Warum? Weil es drei Leuten leichter fällt, die Ware physisch in Empfang zu nehmen und gleichzeitig die Annahme auf dem Papier durchzuführen. Die dritte Person sind idealerweise Sie oder der Mitarbeiter, der die Bestellung aufgegeben hat. Diese dritte Person sollte nicht den Lastenaufzug bedienen, sondern die Rechenmaschine – und zwar, um den Lieferschein zweifach zu vergleichen: einmal mit der Bestellung und einmal mit der tatsächlich gelieferten Ware.

Nur die Anzahl der angelieferten Kisten durchzuzählen, reicht nicht aus, um Sie vor unliebsamen Überraschungen zu schützen. Öffnen Sie jeden Behälter, prüfen Sie den Inhalt nach, besonders, wenn Sie Wein aus verschiedenen Anbaugebieten, verschiedene Reben oder Jahrgänge bestellt haben. Bei Spirituosen achten Sie darauf, ob es 0,7- oder 0,75-Literflaschen sind.

Überprüfen Sie! Das soll nicht heißen, dass Händler und/oder Lieferanten per se zur Unehrlichkeit neigen, Sie würden ja wohl auch nicht mit ihnen Geschäfte abschließen, wenn Sie sie nicht für vertrauenswürdig hielten. Aber Händler und Lieferanten sind eben auch nur Menschen und Irren ist menschlich. Eine kleine extra Null am

Ende irgendeiner Zahl ist unter dem Strich mehr als nur eine Null, und eine Flasche Wein, die berechnet, aber nicht geliefert wurde, fehlt Ihnen doppelt!

Achten Sie auch auf Händler, die mehr liefern als ursprünglich bestellt wurde, um ihre wöchentlichen Verkaufskontingente zu erfüllen. Sie spekulieren darauf, dass Sie kein Miesepeter sein wollen, der sich beschwert und eine neue Rechnung verlangt. Auch die resignierende Erkenntnis: „Ich nehm's, wenn's schon mal hier ist", ist kein ausreichender Grund, sich unnötig das Lager zu füllen. Schicken Sie unbestellte Ware zurück und weisen Sie darauf hin, dass Sie eine Gutschrift wünschen. Mehr abzunehmen, als Sie auf Ihrer Bestellliste haben, führt zu nichts anderem als einem überfüllten Lager, in anderen Worten: zu Verschwendung.

Staffeln Sie die Anlieferungstermine Ihrer verschiedenen Lieferanten. In zweiter Reihe parkende Lieferwagen, Lieferanten, die sich gegenseitig im Weg stehen und ständig gehetzt auf die Uhr blicken, und Mitarbeiter, die kopflos die Übersicht verlieren, führen zu unnötiger Hektik. Es erleichtert Ihnen und Ihren Mitarbeitern die Warenannahme, wenn Sie nur jeweils eine Lieferung kontrollieren müssen. Setzen Sie die Daten und Zeiten für die Lieferungen exakt fest, damit Sie präsent sind, wenn die Ware eintrifft und kontrolliert werden muss.

Achten Sie bei jedem Vertrag mit einem Lieferanten darauf, dass er einen entsprechenden Passus beinhaltet, der Sie dazu berechtigt, mangelhafte Ware zurückzuweisen. Außerdem sollten die Kosten für die Lieferung eines entsprechenden Ersatzes niemals an Sie gehen. Diese Konditionen auszuhandeln, hilft Ihnen, die richtige Ware zum richtigen Preis zur richtigen Zeit zu erhalten.

Irren ist menschlich

Haben Sie einen Notfallplan für den Fall, dass etwas ausgegangen ist? Es ist unnötige Geldverschwendung, Ihren Lieferanten für eine außerplanmäßige Lieferung vor dem vereinbarten Termin zu bestellen. Abgesehen davon, dass dies zusätzliche Lieferkosten verursacht, besteht die Gefahr, von dem entsprechenden Produkt zu große Mengen im Lager zu haben, wenn die reguläre Lieferung eingetroffen ist. Manchmal gibt es jedoch andere Möglichkeiten der Abhilfe. So sollten Sie die Angebote des nächstgelegenen Getränkehändlers studieren und die höheren Preise mit den andernfalls anfallenden Lieferkosten in Verhältnis stellen.

6 Was macht das, bitte?

Ihre Preise auf der Getränkekarte

Die feine Kunst der Preisgestaltung für Getränke ist in der Regel weniger komplex als die Preisgestaltung für die Speisekarte. Dies liegt ganz einfach daran, dass Spirituosen, Wein oder Bier leichter zu bestellen, zu lagern und zu handhaben sind als andere Lebensmittel. Außerdem kann Ihnen der Preisvergleich mit anderen Betrieben helfen, da sich die Preise in einem mehr oder weniger festen Rahmen bewegen, der vom Hersteller bestimmt wird. Weichen Ihre Preise deutlich von denen der Konkurrenz in der Umgebung ab (egal ob nach oben oder unten), spricht sich das bei den Gästen schnell herum. Das heißt nicht, dass Sie einfach nur billiger anbieten müssen als andere Betriebe, dazu haben Sie zu viele Unkosten, die Sie decken müssen, bevor Sie Profit machen. Mindestens einmal im Jahr müssen Sie Ihre Preise durchkalkulieren und gegebenenfalls neu festsetzen.

Ist alles im Lot und nichts von Ihrem Inventar durch Verschwendung oder Diebstahl „verdunstet", beginnt die Preisfestlegung damit, dass Sie von jedem Ihrer Getränke die exakten Kosten pro Zentiliter kennen. Auf dieser Basis können Sie viel leichter vergleichen, besonders bei unterschiedlichen Flaschengrößen. Häufig sind größere Flaschen wie 2- oder 3-Literflaschen im Einkauf etwas günstiger, jedoch in Handhabung und Lagerung schwieriger. Und wenn eine Flasche zu Bruch geht, ist der Verlust sehr viel größer.

Ob Sie in dem Geschäft wirklich Geld verdienen, hängt oft von einer Stelle hinter dem Komma ab. Ein Beispiel: Sie haben bereits errechnet, dass Sie einen Wareneinsatz von 22 % haben beziehungsweise benötigen, um die von Ihnen angestrebte Marge zu erreichen. Anhand Ihrer Rechnungen stellen Sie fest, dass Ihr tatsächlicher Wareneinsatz bei 22,7 % liegt, das heißt, Sie liegen um 0,7 % zu hoch. Vielleicht freuen Sie sich und denken: nur 0,7 %! Doch welche Zahl verbirgt sich wirklich hinter diesem Prozentsatz? Bei einem Einkaufsvolumen von 300.000 Euro sind das 2.100,– Euro. Um das wieder auszugleichen, benötigen Sie nun 11.072,73 Euro (2.100,– Euro : 22 · 116 = 11.072,73 Euro) mehr Umsatz, um denselben Gewinn zu erzielen. Dann doch besser gleich aufpassen, oder?

Das Leben ist die Show

Wenn Sie vielleicht nicht die Preise Ihres Konkurrenten um die Ecke unterbieten können, seinen Service *überbieten* – das können Sie auf jeden Fall! Dazu benötigt man nicht nur den festen Vorsatz, sondern vor allem etwas Kreativität. Lassen Sie Ihren Barkeeper mit populären Rezepten spielen und „Drama-Drinks" kreieren: Getränke, die mit relativ günstigen Zutaten und Garnierungen zusammengestellt werden, aber in großen, auffälligen Gläsern viel hermachen. Sie können daran etwas mehr verdienen, ohne dafür höhere Kosten zu haben. Ihre Gäste werden schnell auf solche aufregenden Kreationen aufmerksam, wenn Ihre Servicemitarbeiter sie als Besonderheit quer durch den Raum tragen und mit etwas Zauber servieren. Solch einen besonderen Drink möchte jeder gerne serviert bekommen!

Ist mein Glas schon wieder leer?

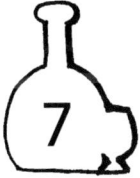

Extra, extra

All die kleinen Extras kontrollieren

Okay, die Kosten für die Spirituosen haben Sie also im Griff?! Es gibt jedoch noch andere Bereiche, in denen Sie die Gewinne Ihres Geschäftes schmälern, ohne es vielleicht zu wissen. Zum Beispiel bei den kleinen Extras, ohne die keine Bar auskommen kann: Servietten, Aschenbecher, Strohhalme, Papierschirmchen, Cocktailrührer. Jedes für sich ist kostenmäßig eine Lappalie. Aber multiplizieren Sie einmal diese Kosten mit der Anzahl der verkauften Getränke, schon sehen Sie, wie die Gewinne an Ihnen vorbeimarschieren. Überdenken Sie daher die folgenden Ideen zur Kostensenkung:

🍸 Was ist der einfachste Weg, um die Verkäufe von Cocktails zu steigern? Größere, breitere Strohhalme! Tatsächlich ist dies ein so einfaches Prinzip, dass viele nicht darauf kommen. Wenn Sie die herkömmlichen, sehr kleinen Nuckelhalme verwenden, trinken Ihre Gäste mit winzigen Schlückchen. Wenn Sie jedoch die Strohhalme benutzen, wie sie von den Fast-Food-Ketten für Milk-Shakes bereitgestellt werden, schlucken Ihre Gäste richtig. Sie trinken den Drink doppelt so schnell und bestellen einen zweiten. Besonders effektiv ist dies bei den großen gefrosteten Drinks wie Daiquiris oder Margaritas. Außerdem trinkt niemand gerne mühsam aus einem verklumpten Halm. Für einige Cents mehr bieten Sie Ihren Gästen einen aufmerksameren Service und steigern Ihren Umsatz auf effektive Weise. Was wollen Sie mehr?

🍸 Verwenden Sie Untersetzer für Getränke anstelle von Servietten. Ihre Gäste gehen nicht gerade zimperlich mit den kleinen teuren

Servietten um; auch wenn Sie es gerne sehen würden, dass sie die Servietten mit dem aufgedruckten Namen Ihres Betriebes ebenso schätzten wie Sie. Optimal ist es, einen Industriepartner zu finden, der Sie hier unterstützt und die Servietten sponsert. Wer nimmt sich schon ein aufgeweichtes Stück Papier als Souvenir mit? Wahrscheinlicher ist es, dass sich Ihre Mitarbeiter, immer wenn etwas überschwappt, einen Stapel davon schnappen und damit aufwischen! Es ist wesentlich ökonomischer, für solche Fälle einige Handtücher und Wischtücher hinter der Theke aufzubewahren. Verwenden Sie Untersetzer und Aschenbecher mit Ihrem Logo – sie halten Jahre. Für Ihre Gäste stellen sie zudem ein Souvenir da, durch dass sie sich gerne erinnern – und wieder kommen!

Seien Sie pfiffig beim Sparen! Reden Sie mit den Herstellern, was die Logos anbetrifft – oft sind sie auf diesem Gebiet sehr freigiebig. Zigarettenfirmen zum Beispiel sind ständig auf der Suche nach legalen Werbeflächen. Reden Sie mit ihnen, ob man Aschenbecher mit kombinierten Logos herstellen kann.

Mischen Sie mit

Wissen Sie und Ihre Barkeeper genau, wann der Einsatz eines feststehenden Elektromixers sinnvoller ist und wann es Zeit ist, den Blender einzusetzen? Als Faustregel gilt: Der Blender (Hamilton Beach) ist ideal für das schnelle Mixen von süß-sauren, safthaltigen und/oder cremigen Getränken wie Piña Colada oder Planter's Punch. Der Elektromixer sollte nur für Drinks mit zerstoßenem Eis oder für Drinks mit frischen Früchten verwendet werden, denn sein Einsatz bedeutet für den Mitarbeiter zusätzliche Vorbereitungszeit und mehr Reinigungsaufwand hinterher.

8 Wer im Glashaus sitzt ...

Materialkosten senken

Happy Hour freitagabends – wer ist der einzige, der nicht applaudiert, wenn mitten im Gedränge der Bar das Klirren zerbrechenden Glases zu hören ist? Der Bar- oder Restaurantmanager, dem das Geräusch die Tränen in die Augen treibt.

Das Frustrierende daran ist, dass Sie das Zerbrechlichste, was Sie im Hause haben, jedem einzelnen Gast anbieten müssen. Es folgen einige Vorschläge, wie Sie den Aufwand für Glasbruch senken können:

Y Lassen Sie Gläser mit Stiel und andere besonders zerbrechliche Gläser an der Bar und nur dort spülen. Das hält sie aus dem Kreislauf von Bar, Küche und Spülmaschine heraus, wo der meiste Bruch anfällt.

Y Je einheitlicher die Gläser sind, die Sie benutzen, desto einfacher ist Ihre Arbeit. Je unterschiedlicher sie sind, desto mehr Zeitaufwand wird benötigt, sie unterzubringen, herauszusuchen und nachzubestellen. Die meisten Bars können mit sechs oder sieben verschiedenen Glastypen effizient arbeiten. Wer befiehlt Ihnen, für jedes Bier ein anderes Glas einzusetzen? Je weniger Glassorten Sie haben, desto einfacher ist die Handhabung und desto billiger ist die Bestellung (Mengenrabatt).

Y Seien Sie ruhig auch kreativ darin, das gleiche Getränk in unterschiedlichen Gläsern zu servieren und somit jeden Glastyp maximal auszulasten. Solange der Inhalt mengenmäßig gleich ist, wird sich hier niemand darüber mokieren.

Y Bevor Sie Gläser kaufen, nehmen Sie besser einige Probe-exemplare mit in Ihren Betrieb und schicken sie dort auf einen „Fitness-Parcours". Wenn sie alltagstauglich, sprich nach Feier-abend noch intakt sind, lohnt sich der Kauf. Aber Vorsicht – lassen Sie Ihre Mitarbeiter die Gläser hart rannehmen, also wie an einem betriebsamen Freitagabend und nicht im Schonwaschgang, der ihre wahre Natur nicht zum Vorschein bringt.

Y Überdenken Sie auch die Möglichkeit, Getränke in ungewöhn-lichen Gefäßen auszuschenken – zum Beispiel in unempfindlichen Krügen. In vielen Betrieben passen Krüge und Becher ausge-zeichnet zum Ambiente, besser sogar als Gläser. Sie kaufen zwei Größen von Krügen (ohnehin schon preisgünstiger als Gläser) in großen Mengen ein und schenken alles darin aus. Setzen Sie Ihre Phantasie ein: Wo gibt es in Ihrem Betrieb Möglichkeiten, auf ähnliche Weise zu sparen?

Y Was für die Aschenbecher und Untersetzer gilt, ist für Gläser nicht verkehrt: Sprechen Sie den Sammler im Menschen an! Manche Betriebe haben herausgefunden, dass sich besondere Gläser (vor allem mit Logos, aber auch besondere Formen) her-vorragend als Souvenirs und Mitbringsel eignen. Gäste gehen mit diesen Gläsern nicht nur vorsichtiger um, sie sind sogar richtig scharf darauf, sie zu Hause weiter zu verwenden. Solche Gläser zu verkaufen, kann Ihnen nicht nur zusätzlichen Umsatz bringen, sondern auch eine gute Werbung sein: Verkaufen Sie zum Bei-spiel beliebte Getränke zusammen mit dem Glas, in dem sie ser-viert werden. Es gibt Gäste, die die ganze Palette einer bestimm-ten Bar oder Marke erwerben und damit zu Hause Werbung machen!

Vorsicht Glas!

Folgen Sie und Ihre Mitarbeiter diesen Regeln für die Handhabung von Glas und Sie sparen Ihrem Betrieb eine Menge Geld.

Erlaubt:

- Schütten Sie das Eis immer aus dem Glas heraus!

- Sortieren Sie Gläser auf Serviertabletts!

- Überprüfen Sie die Lagerung der Gläser: Sind die zerbrechlichsten an einem gut zugänglichen Ort oder zerbrechen sie schon beim komplizierten Heraus-/Herunternehmen?

- Überprüfen Sie die Dienstpläne – haben Sie genug Barkeeper im Einsatz?

Verboten:

- Schlagen Sie nie die Glasränder gegen Zapfhähne!

- Verwahren Sie nie Besteck in Gläsern (Ausnahme: Bierkrug)!

- Stellen Sie nie kalte Gläser in heißes Spülwasser! Füllen Sie nie kalte Getränke in noch warme Gläser!

- Nutzen Sie Gläser niemals als Eisschaufel!

- Stapeln Sie niemals Gläser ineinander, es sei denn, sie sind dafür gedacht!

9 Fix und fertig

Drinks garnieren

Was die Dekoration und das Garnieren von Drinks und Cocktails anbetrifft, haben wir uns schon ein ganzes Stück von den kleinen Papierschirmchen und Maraschino-Kirschen wegentwickelt. Je besser die Garnierung ist, desto anziehender wirkt ein Getränk und desto mehr verkauft man davon. Wenn Gäste aufwendig dekorierte Gläser sehen, die der Servicemitarbeiter wie in einer Parade zum Nachbartisch trägt, erweckt das den Wunsch, etwas ähnlich Leckeres für sich selbst zu haben.

Deshalb sollten Sie danach trachten, kreativ zu sein, vielleicht sogar ein bisschen verwegen, wenn Sie durch die Dekoration einem Getränk Erlebnischarakter verleihen. Im Folgenden finden Sie einige Ideen, die Ihrer Imagination auf die Sprünge helfen:

- Benutzen Sie hohle Lakritzstangen als Trinkhalme, was allerdings mit Kosten verbunden ist.

- Nutzen Sie Trockeneis (nicht in den Drinks!), um Ihre Bar zum Brodeln und Rauchen zu bringen.

- Verwenden Sie riesige Erdbeeren – pur oder in Zucker gedippt.

- Verwenden Sie Zuckerstangen in verschiedenen Geschmacksrichtungen.

- Verwenden Sie ausgefallenere Früchte wie Karambole, Mango oder Papaya.

⏐ Servieren Sie Ihre Bloody Marys mit Shrimps, Spargel, Jalapenos und Spalten roter oder weißer Zwiebeln.

⏐ Setzen Sie Wunderkerzen ein, die Sie mit Früchten „beschweren".

⏐ Nutzen Sie gläserne oder bunte, gedrehte Strohhalme.

Passen Sie jedoch auf, dass diese Garnierungen nicht Ihren Gewinn schlucken. Sobald sich eine Dekoration als unwirksam erweist, den Umsatz des Getränkes zu steigern, probieren Sie etwas Neues.

Wenn die üblichen Früchte zur Garnierung aufgrund der wechselnden Jahreszeit nicht mehr zu haben sind, sehen Sie sich nach Alternativen um. Früchte sind ein enormer Kostenfaktor, wenn man sie außerhalb der jeweiligen Saison kauft. Überlegen Sie sich, bestimmte Drinks auch nur in bestimmten Jahreszeiten anzubieten. (Sie servieren ja auch keine Waldmeister-Bowle im Dezember, oder?) Viele Obsthandlungen bieten ihren Kunden übrigens Informationsblätter über die Nutzungsmöglichkeiten von exotischen Früchten an. Bei Verbraucherzentralen und in Haushaltsmagazinen finden Sie Hinweise darüber, welches Obst und Gemüse zu welcher Zeit Saison hat und dementsprechend günstig ist. Denken Sie daran, je genauer Sie Bescheid wissen, desto leichter ist es, kostengünstig zu wirtschaften.

Lassen Sie niemals zu viel Obst vorbereiten. Anstatt die Tagesschicht gleich das Obst für die Spät- und/oder Nachtschicht vorschneiden zu lassen, sollten die Mitarbeiter der späteren Schichten lieber etwas früher antreten und ihr Obst selbst schneiden. Sollte es knapp werden, kann immer noch nachgeschnitten werden – dafür wandern keine Steigen voll verdorbenem Obst in die Komposttonne oder schrumpeliges Obst in die Frühschicht. Bürden Sie ruhig die Verantwortung für das Obst den einzelnen Barkeepern auf – sie haben meist einen klaren Überblick über ihren Verbrauch und verhindern dadurch teure Verschwendungsorgien.

Früchte der Arbeit

Sie möchten, dass Ihre Früchtegarnierungen länger frisch bleiben? Hier einige Ratschläge:

Y Die Behältnisse für das Obst sollten jeden Tag gründlich gewaschen werden.

Y Um mehr Saft aus Zitrusfrüchten zu gewinnen, kann man sie in warmem Wasser anwärmen oder unter leichtem Druck mit der Hand auf dem Schneidebrett rollen.

Y Um Limettenspalten und Zitronenscheiben länger frisch zu halten, überdecken Sie sie mit einem mit Sprudel getränkten sauberen Handtuch.

Y Frisch geschnittenes Obst deckt man ab, um es vor Insekten, Staub und Zigarettenqualm zu schützen und um die Oxidation hinauszuzögern.

Y Cocktailkirschen, Oliven und Zwiebeln lagern am besten in ihrem eigenen Saft, das verlängert ihre Frische und erhält ihr appetitliches Aussehen.

Y Äpfel oder Birnen für Fruchtspieße bewahrt man mit etwas Zitronensaft vor der Oxidation.

Wasser. Spätlese oder ...?

10 Mit der Zeit gehen

Getränke mit wenig Alkohol – alkoholfreie Getränke

Auch in Ihrem Betrieb tauchen täglich immer mehr Nichttrinker auf? Keine Bange, mit ihnen können Sie ebenfalls Geld verdienen. Stellen Sie nur sicher, dass Sie auch das anbieten, was diese Gäste sich wünschen. Kreativ zubereitete Cocktails mit wenig oder gar keinem Alkohol sind nicht nur ein Beitrag zur Gesundheit einer Vielzahl von Menschen, sie können Ihnen auch einen gesunden Profit erwirtschaften.

Schauen Sie sich einmal genau an, welche Rohstoffe und Zutaten sich hinter der Bar tummeln. Beinahe ein Viertel enthält kaum oder gar keinen Alkohol – Säfte, Fertigmischungen, frische Früchte, Kaffee usw. Hier schlummern endlose Möglichkeiten, leckere und verführerische „Schlecktails" statt Cocktails zu zaubern – der Barkeeper muss diese Möglichkeiten nur aus ihrem Dornröschenschlaf erwecken. Bedenken Sie: Sie benötigen diese Zutaten sowieso für andere Getränke und lagern sie daher ohnehin. Wenn Sie sie durch alkoholfreie Drinks einer weiteren Verwendung zuführen, senkt das die Wahrscheinlichkeit des Verderbens und ermöglicht sogar noch Mengenrabatte. Von den Gästen, die Ihren Betrieb gerade dieser Drinks wegen schätzen, ganz zu schweigen.

Inzwischen haben auch alkoholfreie Biere und Weine bei uns Einzug gehalten. Es ist daher sinnvoll, einen gut kalkulierten Vorrat parat zu haben. Die Mittagszeit eignet sich ausgezeichnet, um diese Getränke gezielt anzubieten und den Umsatz zu steigern. Lassen Sie Ihre Mitarbeiter die entsprechenden Dialoge für den Fall üben, dass jemand das von ihnen vorgeschlagene Bier mit den Worten ablehnt:

"Nein danke, ich muss ja noch arbeiten." Die passende Antwort: *"Oh, kein Problem, wir haben alkoholfreies Bier, von Holsten, schmeckt großartig, ist erfrischend und steht der Arbeit später nicht im Weg."*

Auch wenn kein seriöser Betrieb seine Gäste mit verwässerten Drinks täuschen würde (oder könnte), ist es andersherum aber eine tolle Sache, „Light-Versionen" von Standard-Drinks anzubieten. Bodegon Colonial, eine französiche Restaurantkette, importiert beispielsweise einen eigenen Cachaça mit nur 27 % Alkohol. Somit können die Gäste statt einem zwei Caipirinhas trinken, der Wirt freut sich über den gesteigerten Gewinn und die Gäste empfinden es als Service! Dieser Produkte müssen von den Servicemitarbeitern aktiv verkauft werden, so dass die Gäste über den geringen Alkoholgehalt selbstverständlich informiert sind.

Manche amerikanischen Bars verwenden zum Beispiel alkoholfreien Triple sec in ihrem Long-Island-Ice-Tea-Rezept. Mit vorgemischtem Wodka, Gin und Rum schmeckt es ebenso wie das herkömmliche Rezept, enthält aber etwas weniger Alkohol und ist in der Herstellung sogar günstiger. Diese Einsparungen summieren sich, wenn Sie sie bei allen Cocktails anwenden, die Triple sec enthalten: Margaritas, Kamikazes, Daiquiris, Mai Tais. Die meisten Margarita-Fans möchten, dass der Alkohol von einem guten Tequila herrührt und nicht vom Triple sec. Sie können auch einen Teil der Kostenersparnis an die Gäste weitergeben, indem Sie die Preise senken. Überdenken Sie einmal die Einsatzmöglichkeiten von alkoholfreien Getränken beziehungsweise Getränken mit wenig Alkohol: zum Beispiel Pfirsichschnaps, Blue Curaçao, Crème de Banana, Crème de Coco oder Crème de Menthe.

Einige Leute geben verantwortungslosen Gastronomen die Mitschuld an Unfällen, bei denen Alkohol im Spiel ist. Sie können einen wertvollen Beitrag zur Senkung solcher Unfallraten leisten (und so vielleicht auch Ihr Gewissen etwas erleichtern), indem Sie Ihre Mitarbeiter die richtigen Dialoge erlernen lassen, mit denen man solche Getränke verkauft. Zum Beispiel: *„Müssen Sie noch fahren? Wie wär's? Soll ich Ihnen die alkoholfreie Version dieses Drinks zubereiten?"*

Wasser, Wasser überall

In den USA ist es weit verbreitet, Gästen vorab ein Glas Eiswasser an den Tisch zu bringen. Nachahmenswert ist diese an sich gastfreundliche Geste nicht, denn das meiste davon verschwindet unverbraucht im Abfluss. Das verschwendet nicht nur den Rohstoff Wasser, sondern auch Energie zur Herstellung der Eiswürfel. Nichtsdestotrotz: Menschen trinken immer öfters Wasser, auch in oder an der Bar. Bei diesem natürlichen Getränk schwingt auch längst kein Unterton von „nur" mehr mit, denn Wasser hat sich als In-Getränk etabliert. Gäste verdienen daher keine schiefen Blicke, wenn sie nur Wasser bestellen, sondern einen Service, der ihnen eine Wahl zwischen verschiedenen Wassermarken und -sorten bietet, zum Beispiel zwischen kohlensäurehaltigem und kohlensäurefreiem Wasser.

11 Kühlen Kopf bewahren

Eis und Eismaschinen

Schon mal so einen Tag gehabt? 35 Grad C im Schatten, draußen im Freien sitzen unter den Schirmen gut gelaunte Leute mit ihrem Margarita und drinnen – läuft die Eismaschine aus und macht dabei Geräusche wie Wale zur Paarungszeit. Eis besteht vielleicht „nur" aus gefrorenem Wasser, aber welche Bar kommt schon ohne aus?

Leider machen sich viele Betreiber keine allzu großen Gedanken über ihre Eismaschinen – bis etwas entsetzlich schief läuft. Und irgendetwas geht immer schief, oder? Denken Sie mal darüber nach: Ihre Eismaschine läuft stets, permanent, immer, auch wenn alles andere Pause hat. Deshalb ist ein guter Service-, Wartungs- und Garantievertrag wichtiger als ein relativ günstiger Anschaffungspreis. Bevor Sie sich eine (neue) Eismaschine zulegen, sollten Sie daher verschiedene Angebote prüfen, nicht nur ein oder zwei – so viele wie möglich! Hier sind einige weitere Aspekte, die Sie beachten sollten:

- Y Achten Sie darauf, wie sich Ihr Eisverbrauch mit den Jahreszeiten ändert. Bei den meisten Betrieben liegt der Verbrauch im Sommer deutlich höher, oft beträgt er das Doppelte von dem, was man im Winter benötigt.

- Y Der richtige Standort ist alles. Oft steht die Eismaschine an einem Ort, der einfach nur geräumig genug ist. Aber eine luftgekühlte Maschine, die selbst heiße Luft in die Umgebungsluft abgibt, kann eine ohnehin schon warme Küche zur Hölle machen – die künstlich wieder gekühlt werden muss! Entscheiden Sie sich für eine wassergekühlte Maschine oder einen anderen Stellplatz. Aber beachten Sie, dass ein wassergekühltes System im Sommer eventuell weniger effizient arbeitet, genau dann, wenn Sie es am dringendsten benötigen, und außerdem zu höheren Energiekosten führt. Übrigens: Ein Kälte produzierendes Gerät gehört niemals in die unmittelbare Nähe eines Herdes oder eines anderen Wärme produzierenden Gerätes, es muss sonst unnötig Schwerstarbeit leisten.

Welches System auch immer zum Einsatz kommt, für die ausreichende Lüftung muss gesorgt sein. Vielleicht gibt es einen anderen, geeigneteren Platz für die Eismaschine? Platz ist meistens Mangelware. Zumindest die Hersteller können uns helfen: Seit einiger Zeit arbeiten sie genau aus diesem Grund an Geräten in unterschiedlichen Größen und Formen. Deshalb ist es vielen Betrieben möglich, eine Kompaktanlage unter der Bar unterzubringen oder in einer schmalen Hochform in eine Lücke einzupassen.

Nein, nicht jetzt!

Es gibt nichts Schlimmeres, als kein Eis mehr zu haben, wenn Sie es am dringendsten benötigen. Deshalb sollten sie für die Hochzeiten des Eisbedarfs einen Plan entwerfen, der Ihren Vorrat an Eis sicherstellt. Zum Beispiel können Sie während der umsatzstarken Margarita-Monate im Sommer die Eismaschine so viel wie möglich produzieren lassen und das Eis verpackt in die Tiefkühltruhe umlagern. Auf diese Weise ist Ihre Eismaschine nie voll und kann mit maximaler Kraft arbeiten – und Sie haben einen Überschuss, sobald Not am Mann – äh, Eis ist.

... und als Punkt 276 müssen Sie ...

12 Schalten Sie einen Gang höher

Effiziente Teambesprechungen durchführen

Tägliches Training? Die meisten Manager antworten auf diesen Aufruf mit: „Netter Versuch!" Es ist ja nicht so, das man sonst nichts zu tun hätte. Wenn es jedoch nun einmal Ihr erstes Ziel ist, die Umsatzzahlen an der Bar zu erhöhen, benötigen Sie die Unterstützung Ihrer Mitarbeiter. Damit Sie dazu in der Lage sind, ist es Ihre Pflicht, Ihnen die Techniken zu vermitteln, mit denen der Service optimiert und die Gewinne gesteigert werden können. Der beste Weg hierfür ist, diese Fähigkeiten zu trainieren, anzuwenden, wieder zu trainieren und zu verbessern – *täglich*.

Dies muss nicht so schwierig sein, wie Sie befürchten – nicht, wenn Sie vor jeder Schicht kurze Meetings ansetzen. Im Folgenden einige Tipps, wie man diese Meetings erfolgreich gestalten kann:

- Halten Sie die Meetings kurz: fünf bis zehn Minuten pro Tag. Beginnen und beenden Sie diese immer pünktlich und mit etwas Positivem.

- Schalten Sie Ablenkungen konsequent aus. Halten Sie Meetings nicht vor Fenstern mit belebter Straßenszenerie ab, denn alles ist geeignet, die kurze Aufmerksamkeitsspanne zu unterbrechen. Klingelnde Handys sind zwar immer für einen Lacher gut, kosten aber wertvolle Sekunden und sind damit während des Trainings tabu!

- Die Zeit der Monologe in Endlosschleifen ist vorbei – denken Sie in Dialogen. Während des Trainings sollte der Redeanteil des

Managers 20 % betragen, das Feedback der Mitarbeiter darauf 80 %. Das bedeutet, dass man Teilnehmer in Gespräche verwickelt. Erzählen Sie nicht, wie man mehr Cocktails verkauft, lassen Sie ihre Top-Verkäufer an der Bar erzählen, wie sie mehr Drinks an die Leute bringen. Lassen Sie sie erzählen, welche Methoden sie schon effektiv nutzen, anstatt Theorien zum Besten zu geben. Lassen Sie die anderen Mitarbeiter Fragen stellen (jeder sollte wissen: Es gibt keine dummen Fragen, nur dumme Antworten) und Verbesserungsvorschläge machen.

Y Lassen Sie Ihre Mitarbeiter kleine Rollenspiele durchführen, in denen sie erfolgreiche Methoden ausprobieren können. (Es ist auch gut, wenn sich die Mitarbeiter regelmäßig in der Rolle des Gastes erleben – das kann die Augen öffnen!)

Y Nutzen Sie die Furcht, abgefragt zu werden, um die Aufmerksamkeit auf dem Maximum zu halten: Führen Sie kleine Quiz zur Produktkenntnis, zur Tageskarte und zu den nächsten Spezialveranstaltungen und Promotions durch.

Y Ermutigen Sie Ihre Mitarbeiter, das Gelernte während der nächsten Schicht auch anzuwenden. Setzen Sie kleine Tagesziele und führen Sie hierzu Wettbewerbe durch.

Y Nutzen Sie das Meeting, um Erfolge der vorangegangenen Schicht anzuerkennen. Loben Sie die Verkaufszahlen und die Serviceanstrengungen der letzten 24 Stunden.

Y Knüpfen Sie im nächsten Meeting an das Gesagte an, damit es nicht nur im Kurzzeitgedächtnis präsent ist, sondern zum festen Verhaltensinventar wird.

Im kleinen Kreis

Auch wenn in Ihrem Betrieb die Schichten gestaffelt sind, können Sie erfolgreiche Trainings durchführen. Sie müssen eben kürzer und persönlicher gehalten werden. Machen Sie es zur Regel, dass sich die Mitarbeiter einen Trainer für ein fünfminütiges persönliches Training aussuchen, bevor sie an die eigentliche Arbeit gehen. Führen Sie einen Treffpunkt ein, an dem ein Flip-Chart über den täglichen Trainingsablauf Auskunft gibt, über den Tageswettbewerb und über die Gewinner der vorhergehenden Wettbewerbe. Der Trainer sollte kurz die Arbeitskleidung checken und zwei Minuten die aktuellen Besonderheiten und Promotions durchgehen. Ein kurzes Quiz zur Produktkenntnis sollte folgen, bevor der Trainer abschließend mit dem Mitarbeiter ein Verkaufsziel für den Tag festlegt.

... die Botschaft hör ich wohl ...

13 Wegweiser

Effektive Rollenspiele

Ein chinesisches Sprichwort sagt: „Ich höre und ich vergesse, ich sehe und ich erinnere, ich handle und ich verstehe." Sicher, die Service-mitarbeiter und Barkeeper auf effektive Verkaufs- und Servicetechni-ken zu schulen, wird die Verkäufe an der Bar etwas steigern. Aber noch mehr Erfolg erzielen Sie, wenn Sie dabei Ihren Mitarbeitern den „Fahrersitz" überlassen, damit sie die neuen Fähigkeiten und Kennt-nisse ausprobieren und verfeinern können.

Eine Möglichkeit hierzu sind Rollenspiele. Sie helfen, sich an allen Techniken und Methoden zu versuchen, sei es das suggestive Verkau-fen, die angewandte Produktkenntnis oder der lächelnde, freund-liche Service. Wichtiger noch: Indem Sie Ihre Mitarbeiter im Rollen-spiel die Trainingsinhalte an fiktiven (und besonders kritischen) Gästen ausprobieren lassen, haben Sie die Möglichkeit zu korrigie-ren, bevor der echte Gast kommt.

Dennoch glauben viele Manager, gute Rhetorik und ein voll ge-schriebenes Flip-Chart machen einen guten Trainer aus. Natürlich gehört auch das dazu. Aber überlegen Sie einmal, wie Sie Autofahren gelernt haben – und schon sehen Sie, wie wichtig Rollenspiele sind. Lassen Sie jemanden in Ihrem Sportwagen fahren, der seine Fahr-künste allein vom Flip-Chart hat? Die meisten von uns hatten einen Fahrlehrer, der uns die richtigen Techniken gezeigt hat. Er hat mit uns alles geübt, was uns auch im wirklichen Straßenverkehr begegnet: nasse Straßen, volle Autobahnen, das Anfahren am Hang. Erst nach-dem er uns geprüft hat, durften wir fahren – ohne Aufsicht.

Denken Sie an all die „Sportwagen" in Ihrem Betrieb: teure Geräte, wertvolle Spirituosen, kritische Gäste – überall kann großer Schaden angerichtet werden und viel Geld verloren gehen. Überlegen Sie, welche Schwierigkeiten Ihre Mitarbeiter bestehen wollen: Happy Hour im Sommer, wütende Reklamationen, kurzfristige personelle Engpässe. Also lassen Sie sie erst einmal ihre Kenntnisse und Fähigkeiten erproben, bevor Sie ihnen den Gast anvertrauen.

In fünf einfachen Schritten zu effektivem Rollenspiel

Y Halten Sie kleine Szenen auf Karteikarten parat und notieren Sie Gästedialoge.

Y Notieren Sie auf einem Flip-Chart drei Verhaltensweisen, zum Beispiel „Zusatzverkäufe", „Gästenamen lernen" und „Auswahl anbieten".

Y Rufen Sie Rollenspieler für ein Szenario auf. Nehmen Sie nicht immer nur die guten Verkäufer dran, sondern geben Sie jedem eine Chance.

Y Lassen Sie hinterher die Zuschauer Kritik äußern (positive und negative). Fragen Sie in die Runde: „Wenn überhaupt, was hätte man besser machen können?" Erklären Sie jede verpasste Chance im Detail.

Y Fassen Sie die Hauptpunkte noch einmal zusammen und fragen Sie die Gruppe: „Mit den Ergebnissen dieses Rollenspieles im Kopf: Was machen Sie beim nächsten Mal anders?"

Genug? Wieso?

14 Verkaufsdenken

Servicemitarbeitern und Barkeepern das Verkaufen beibringen

Trainieren Sie Ihre Servicemitarbeiter und Barkeeper darin, wie Verkäufer zu denken und zu handeln. Warum? Wie der legendäre Restaurantchef Diamond Jim Brady einmal sagte: „Sie können das beste Produkt der Welt haben, wenn Sie es nicht verkaufen, bleiben Sie darauf sitzen."

Ihr Weinkeller ist bis zur Decke voll gefüllt und Sie haben kistenweise Spirituosen im Lager. Trainieren Sie mit Ihren Mitarbeitern nur einige grundlegende Verkaufstechniken und Sie können zusehen, wie sich diese Lagerräume in der Hälfte der üblichen Zeit leeren, während Ihre Kasse sich in der gleichen Zeit füllt. Je mehr Ihre Mitarbeiter in dieser Zeit verkaufen, desto größer fällt übrigens auch Ihre Rückvergütung von den Lieferanten aus. Das wirkt sich natürlich sehr positiv auf Ihre Gewinne aus. Abgesehen davon sind Ihre Mitarbeiter angesichts höherer Trinkgelder wesentlich zufriedener, was sich wiederum positiv auf die Personalsituation auswirkt.

Das Wichtigste am Verkaufsdenken ist jedoch etwas ganz anderes: Wenn Ihre Mitarbeiter den Gästen mit Produktkenntnis und Einfühlungsvermögen hilfreiche Tipps geben können, empfinden Ihre Gäste dies als ein Mehr an Service. Sie haben das Gefühl, dass man sich für ihre Bedürfnisse und Wünsche interessiert und sich Mühe gibt, sie zufrieden zu stellen. Gäste, die sich auf diese Weise überdurchschnittlich gut bedient fühlen, kommen gerne wieder. Eine Kettenreaktion entsteht: Der zufriedene Gast macht das Restaurant profitabler, das lässt den Umsatz steigen, das wiederum erfreut den Manager, der seine Mitarbeiter an seiner Zufriedenheit teilhaben lässt, die nicht nur wiederum mit mehr Freude die Gäste bedienen, sondern garantiert zögern, zu einem anderen Betrieb zu wechseln.

Also, wann beginnen Sie? Investieren Sie in verkaufsfördernde Trainings, die Ihren Mitarbeitern die Kunst des aktiven Verkaufs vermitteln. Erklären Sie Ihren Servicekräften, dass sie sich lediglich um eine gute Kenntnis der Produkte auf der Speise- und Getränkekarte bemühen und lernen müssen, wie man gegenüber den Gästen gekonnt Empfehlungen ausspricht. Das Schlimmste, was passieren kann, ist, dass ein Gast „Nein danke" sagt.

Arbeite smart, nicht hart!

Ein weiterer Vorteil des Verkaufstrainings liegt darin, dass es Ihren Mitarbeitern hilft, smart zu arbeiten, nicht hart. Wir machen da gerne die Unterscheidung zwischen dem Verhalten eines Huhnes und dem eines Adlers: Hühner schauen immer nach unten, drehen sich im Kreis und erschrecken, wenn sie angesprochen werden. Adler hingegen haben den Überblick, wirken souverän, sind schön anzusehen und immer im richtigen Moment da. An der Bar und im Restaurant findet man beide Verhaltensweisen häufig. Welche, glauben Sie, ist smart, nicht hart?

15 Immer den Preis im Auge

Verkaufswettbewerbe und Incentives einführen

Sie können über höhere Verkaufszahlen von Getränken schwadronieren und schwärmen – das bedeutet Ihren Mitarbeitern, die nur daran interessiert sind, ihre Schicht mit etwas Trinkgeld und so wenig Komplikationen wie möglich über die Runden zu bringen, in der Regel wenig. Die Verkäufe an der Bar zu erhöhen ist primär Ihr Ziel, nicht automatisch das Ihrer Mitarbeiter.

Dennoch gibt es für Sie Möglichkeiten, auch die Mitarbeiter für die Umsetzung Ihrer Ziele zu gewinnen. Die Veranstaltung von Wettbewerben sowie die Schaffung von Anreizen sind effektive, kostengünstige Techniken, um Ihre Mitarbeiter zu motivieren: mehr Verkauf, besserer Service, Kostensenkungen. Nein, es geht jetzt nicht darum, 50-Euro-Scheine oder Mikrowellen zu verschenken! Es geht hier um wohl durchdachte, gut geplante Maßnahmen. Im Folgenden ein paar Voraussetzungen für den Erfolg:

- Beginnen Sie mit dem Ende vor Augen. Legen Sie die gewünschten Ergebnisse genau fest, bevor Sie mit dem Programm beginnen. Dann planen Sie und setzen Ziele rückwärts.

- Vermitteln Sie Ihren Mitarbeitern dieses Ziel in einer Sprache, die sie verstehen. Wenn Sie zum Beispiel den Verkauf von Wein diesen Monat um 10 % erhöhen möchten, sagen Sie besser nicht: *„Hey Leute, diesen Monat müssen wir 1.200 Flaschen mehr verkaufen."* Brechen Sie die Zahlen herunter und werden Sie konkret: *„Wenn wir 40 Flaschen Wein pro Tag mehr verkaufen,* *sind das 20 pro Schicht und das bedeutet: Jeder Servicemitarbeiter verkauft pro Schicht zwei Flaschen Wein mehr. Das schaffen wir doch einfach, oder?"* Dies vermittelt Ihren Mitarbeitern eine klar formulierte Vorstellung, wie jeder Einzelne zu dem gewünschten Ergebnis beitragen kann.

Ⓨ Machen Sie sich zunächst klar, welche Form von Wettbewerb für Ihre Mitarbeiter am besten geeignet ist.

Ⓨ Wettbewerbe für Servicemitarbeiter und Barkeeper sollten auf der Anzahl der während eines Wettbewerbs zu verkaufenden Produkte basieren: durchschnittliche Rechnungshöhe, Verkauf pro Stunde oder Umsatz pro Gast.

Ⓨ Bringen Sie ein Schwarzes Brett mit einer Wettbewerbsübersicht an, damit jeder seinen Fortschritt ablesen kann. Belohnen Sie die überdurchschnittlich Erfolgreichen und gehen Sie mit den anderen noch einmal die nötigen Techniken durch.

Ⓨ Strukturieren Sie Ihre Wettbewerbe so, dass es stets mehrere Gewinner gibt. Belohnen Sie nicht immer diejenigen, die die höchsten Umsätze usw. erzielen, sondern gerade auch jene, die die sich am deutlichsten steigern. Das verhindert das „Immer-gewinnt-der-Gleiche-Syndrom".

Ⓨ Feiern Sie die Gewinner öffentlich. Teilen Sie während der Teammeetings die Preise aus. Machen Sie Polaroids von den Gewinnern mit ihren Preisen, hängen Sie die Fotos aus und beschriften Sie sie mit „Gewinner des Monats". Seien Sie so enthusiastisch, wie es dem Anlass gebührt, wenn Sie die Preise übergeben. Gewähren Sie aber auch den anderen Anerkennung für ihre Fortschritte und analysieren Sie gemeinsam mit ihnen die erfolgreichen Strategien der anderen – dann können sie nächstes Mal auf dem Foto strahlen.

Der Preis ist heiß

Wählen Sie angemessene Preise aus. Viele Wettbewerbe scheitern daran, dass der Preis nicht in den Kontext des Wettbewerbs passt oder schlicht die Mühe nicht wert ist. Fragen Sie Ihre Mitarbeiter, was sie anspornen würde, ihre Service- und Verkaufsleistung zu steigern. Belohnen Sie mit Sachwerten, nicht mit Geld. Dinge sind beständiger und haben Trophäencharakter. Sie möchten doch, dass Ihr Mitarbeiter seinen Erfolg jeden Tag vor Augen sieht, also seien Sie kreativ bei der Preisauswahl. Eine Musik-CD (vielleicht ist sie ja auch geeignet, um sie mal in der Bar zu spielen, wo sie jeden an den Wettbewerb erinnert!), ein PC-Spiel oder vielleicht ein Lottoschein sind ebenso Anreize wie eine Wochenkarte für die öffentlichen Verkehrsmittel oder eine Tankfüllung für die Fahrt zur Arbeit. Geben Sie Geschenkgutscheine für andere Restaurants oder für ein Kaufhaus aus, so dass Ihre Mitarbeiter ihren Gewinn „erleben" und sich erinnern können. Aber bitte, lassen Sie keine Konkurrenz im Team aufkommen.

16 Sofortige Anerkennung

Täglicher Wettbewerb, tägliche Anerkennung

Verkaufswettbewerbe sind großartige Werkzeuge, um die Arbeitsmoral zu steigern, außerdem ermutigen Sie dadurch Ihre Mitarbeiter, neue Verkaufstechniken auszuprobieren. Gute Verkäufer lieben solche Veranstaltungen, weil sie gerne gewinnen. Aber langatmige Wettbewerbe können manchmal öde und langweilig werden und den Schwung verlieren, so dass die Mitarbeiter aufgeben.

Optimale Wettbewerbe sind solche, die innerhalb eines Zeitraums von 21 Tagen ausgetragen, ausgewertet und belohnt werden. Mitarbeiter verlieren spätestens nach drei Wochen das Interesse an einem Wettbewerb, egal wie anspornend das Thema ist oder wie interessant die Preise sind. Also halten Sie Ihre Wettbewerbe kurz und einfach. Denken Sie über tägliche Mini-Wettbewerbe nach. Das gibt Ihren Mitarbeitern etwas, was sie den ganzen Tag über anspornt und lässt sie nicht das Interesse verlieren. Bei den Preisen muss es ja nicht gleich ein Neuwagen sein. Völlig ausreichend ist ein Gutschein, mit dem sich Ihre Mitarbeiter in Ihrem Betrieb etwas kaufen oder mit dem sie ihre Freunde einladen können. Niedrige Kosten mit einem großen Effekt!

Gestalten Sie Ihre Wettbewerbe nach dem Vorbild der Tour de France: gelbes Trikot, grünes Trikot, bester Sprinter, bester Bergfahrer, beste Mannschaft usw. Nur wenn möglichst viele berechtigt gewinnen, macht es dauerhaft allen Spaß.

Wiederholen und bekräftigen Sie die Ziele des Wettbewerbes jeden Tag gemeinsam mit Ihren Mitarbeitern. Nutzen Sie dazu das Schwarze Brett, um sie zu ermutigen, anzuspornen und es vielleicht noch ein wenig besser zu machen als am Vortag.

Wenn Sie aufgrund des Erfolges das gleiche Wettbewerbsformat nochmals einsetzen möchten, führen Sie es das nächste Mal mit einem anderen Kniff ein. Legen Sie das Gewicht auf ein anderes Produkt, eine andere Technik oder ein anderes Ziel – vor allem aber mit anderen Preisen.

Poker um höheren Einsatz

Wenn Sie keine Zeit für komplexe tägliche Trainings haben, versuchen Sie es doch einmal mit einigen Runden Verkaufspoker! Das ist leicht und schnell durchzuführen und hebt den Wettbewerbsgeist deutlich. Alles, was Sie dazu benötigen, ist ein Satz Pokerkarten und einen Preis. Schauen Sie sich zunächst Ihre Verkaufszahlen an und überlegen Sie, welches Produkt einen Anschub vertragen könnte. Sagen wir, Sie beschließen, den Verkauf von Appetizern an der Bar zu steigern. Entscheiden Sie sich für eine Spielart, mischen Sie und erklären Sie Ihren Mitarbeitern die Regeln. Die Mitarbeiter dürfen für den Wettbewerbszeitraum pro verkaufter Portion Appetizer eine Karte ziehen. Sie können auch Karten tauschen, wenn sie glauben, dadurch ein besseres Blatt zu erhalten. Der Mitarbeiter mit der höchsten Hand verlässt seine Schicht mit dem Preis.

Kapitel

Die Mitarbeiter

Es alleine zu versuchen macht wenig Sinn. Auch wenn eine gut funktionierende Eismaschine ein wichtiger Baustein Ihrer Servicequalität ist, noch wichtiger ist ein gut trainiertes und motiviertes Team. Warum? Weil die Servicemitarbeiter und Barkeeper den direkten Gästekontakt haben und dadurch einen sehr hohen Einfluss auf das, was getrunken wird, ob Asbach oder Louis XIII. ob Prosecco oder Dom Perignon. Am Ende des ersten Kapitels sprachen wir von den erwiesenermaßen besten Trainingstechniken. In Kapitel 2 kommen wir zum Kern der Sache: Wie können Sie die Servicequalität optimieren und die Verkaufsaktivität in Ihrer Bar steigern?

Hätten Sie gewusst, wie man einen Flaschenöffner bedient, wenn Ihnen niemand die richtige Technik gezeigt hätte? Viele Mitarbeiter geben insgeheim als Grund dafür, warum sie Wein ungern verkaufen, die Furcht an, die Flasche vor den Augen der Gäste zu entkorken. Wie schenkt man Bier vom Fass perfekt ein? Was passt am besten zu Sushi und was zum Teufel ist ein Dreckiges? Woher weiß man, wer *nichts* mehr möchte? Niemand ist schlau geboren – bis auf ganz wenige, die haben ihr Fachwissen mit der Muttermilch eingesogen, die meisten haben es lernen müssen – warum erwarten dies also manche Chefs von ihren Mitarbeitern?

Auf den folgenden Seiten finden Sie 17 Wege, wie Sie Ihre Mitarbeiter fit machen in den Bereichen optimaler Service, aktiver Verkauf, Produktkenntnis sowie verantwortlicher Umgang mit alkoholischen Getränken.

... gestern waren Sie um 21.24 Uhr ...

17 Lernen Sie mich kennen

„Eisbrecher" und wie man Gäste kennen lernt

Die heutige Laufkundschaft kann morgen schon Stammgast sein! Aber ob Gäste überhaupt wieder kommen, hängt davon ab, wie sie von den Servicekräften behandelt werden, wenn sie zum ersten Mal durch die Eingangstür treten. Kennen Sie das nicht aus dem Urlaub? Schon in der ersten Woche am fremden Ort hat man sein Lieblings-restaurant auserkoren, obwohl überall mehr oder weniger die gleichen Speisen angeboten werden. Den feinen Unterschied macht oft der Service: Dort, wo uns die Servicemitarbeiter schnell wiedererkennen und vielleicht auch schon unsere Vorliebe für ein bestimmtes Bier, eine bestimmte Vorspeise kennen, zieht es uns immer wieder hin.

Trainieren Sie Ihre Servicemitarbeiter und Barkeeper, eine freundliche Beziehung zu den Gästen aufzubauen. Diese möchten das Gefühl vermittelt bekommen, dass sie angenommen werden, das sie dazu-gehören. Und wenn sie sich richtig wohl fühlen, möchten sie auch noch das Gefühl haben, so wichtig zu sein, dass man ihren Namen, ihre Lieblingsgetränke und -gerichte, ja sogar ihre Hobbys kennt.

Begrüßen Ihre Servicemitarbeiter die Gäste so, dass sie sich gleich wohl fühlen? Gute „Eisbrecher" sind die Basis für einen stimmungs-vollen Abend auswärts. Trainieren Sie mit Ihren Mitarbeitern daher folgende Begrüßungen:

Y Der erste Satz sollte nichts mit Speisen oder Getränken zu tun haben. *„Haben Sie sich schon entschieden?"* ist keine Begrüßung. Das Ziel jedes Servicemitarbeiters sollte es sein, eine persönliche Beziehung mit dem Gast zu begründen. Es geht nicht darum, einfach so schnell wie möglich etwas zu servieren, sondern eine Stimmung zu kreieren, die als angenehm und (wieder) erlebenswert empfunden wird.

Y Einführungssätze sollten Fragen beinhalten, die eine Unterhaltung vorbereiten. Gäste richtig zu behandeln heißt, sie kennen zu lernen. Das passiert, wenn man einen Dialog in Gang setzt, nicht aber mit einem vom Mitarbeiter gesteuerten Monolog.

Y Bringen Sie den Gast zum Reden, indem Sie ihm offene Fragen stellen, wie zum Beispiel: *„Wo geht's denn heute Abend hin, Sie sind so elegant gekleidet? ... Oh, in die Oper, wie schön, was wird denn gespielt?"* Damit haben Sie einen Dialog in Schwung gebracht. Lassen Sie ihn weiterlaufen, um noch etwas mehr über Ihre Gäste zu erfahren: ihre Namen, Berufe, wo sie wohnen usw. Währenddessen können Sie auch schon beginnen, Ihnen Speisen und Getränke anzubieten, die zu ihrem Abend passen: *„In die ‚Nibelungen', da werden Sie lange sitzen. Vielleicht eher etwas Leichtes und nach der Vorstellung dann noch ein Nachtisch?"*

Y Für den Beginn einer solchen Konversation kann man die verschiedensten Themen zum Anlass nehmen: Kinder, ein besonderes Kleidungsstück, aktuelle Geschehnisse, lokale Ereignisse, den Sport, den Beruf, das Wetter oder die Ferien.

Y Bei den Verkaufstrainings können Sie die Teilnehmer in kleine Gruppen einteilen und sie darum bitten, ihre Lieblingsbegrüßungen aufzuschreiben. Lassen Sie die Gruppen ihre Ergebnisse austauschen und in Rollenspielen nachspielen.

TIPP

Das Namensspiel

Wie bekommen Sie den Namen eines Gastes heraus? Nutzen Sie zum Beispiel Kreditkarten: *„Hier ist Ihre Quittung, Frau Röhrs, wir freuen uns auf Ihren nächsten Besuch!"* Wiederholen und/oder buchstabieren Sie den Namen des Gastes dreimal für sich selbst (ohne natürlich die Lippen dabei zu bewegen!). So prägt er sich gut ein. Fragen Sie Ihre Gäste nach ihren Berufen. Es ist nämlich leichter, sich den Namen eines Gastes zu merken, wenn man ihn gleich mit einer weiteren Information abspeichern kann. Legen Sie eine Karteikartensammlung oder ein Rolodex mit den Namen und Berufen Ihrer Gäste an, das vertieft die Gedächtnisleistung. Stellen Sie Ihre Gäste auch anderen Mitarbeitern vor, direkt oder indirekt: *„Herr Münzel, dass ist Michaela, sie kümmert sich heute abend um Sie."*

Vorsicht: Wenn Ihnen dies alles überzogen und übertrieben vorkommt, mag das heute vielleicht noch stimmen. Weltweit, und besonders in den USA, ist die direkte Form der Ansprache längst Alltag. Seien Sie mutig, spätestens in fünf Jahren wird sie sich auch hier, besonders in den Großstädten, durchsetzen. Sie könnten zu den Trendsettern gehören!

... Liebfrauenmilch?!?

18 Wissen ist Macht

Produktkenntnisse trainieren

Das Rückgrat des suggestiven Verkaufens sind die Produktkenntnisse. Wie soll jemand etwas verkaufen, wenn er es nicht kennt? Wie wirkt ein Verkäufer, der einem fragenden Gast die angebotenen Biermarken nicht aufzählen kann? Solche Unfähigkeit hinterlässt beim Gast automatisch einen prägenden Eindruck und beeinflusst ihn vielleicht bei seiner Entscheidung, ob er wieder kommt oder nicht. Nutzen Sie folgende Trainingstipps, die Ihren Mitarbeitern helfen, all das zu lernen, was sie für erfolgreiches Verkaufen an Produktkenntnis benötigen.

Bei neuen Mitarbeitern:

Ⴢ Händigen Sie allen neuen Mitarbeitern ein Exemplar jeder Speise- und Getränkekarte aus und lassen Sie sie diese vor dem Training zu Hause „bis zum Umfallen" studieren. Führen Sie einen Test mit ihnen durch, der die Zusammensetzung jedes Drinks, die Preise und die Eigenschaften der verschiedenen Wein- und Biersorten abfragt. Erreicht ein Mitarbeiter weniger als 90 %, lassen Sie ihn den Test noch einmal einige Tage später absolvieren.

Ⴢ Ist der Kartentest erst einmal bestanden, lassen Sie jeden neuen Servicemitarbeiter eine Trainingseinheit mit einem erfahrenen Barkeeper durchlaufen. Dieser soll ihm oder ihr einen Überblick über alle Biere, Weine und Drinks geben, die Sie anbieten. Ist dies geschehen, soll der neue Mitarbeiter alle Tätigkeiten des Barkeepers hinter der Theke beobachtend begleiten. Es gibt keinen besseren Weg zu lernen, was in einen Drink gehört, als seine Zubereitung mitzuerleben. Außerdem kann der Servicemitarbeiter auf diese Weise sehr viel besser nachempfinden, mit welchen Situationen der Barkeeper Abend für Abend konfrontiert wird.

Für alle Mitarbeiter, immer und immer wieder:

Y Machen Sie das Training der Produktkenntnis zu einem Dauerthema für alle Mitarbeiter. Viele Lieferanten bieten produktbezogene (Werks-)Führungen und Trainings über ihre Produkte an oder haben Informationsmaterialien, die die Produktkenntnis erweitern und vertiefen. Gehen Sie solches Material ruhig mit den Mitarbeitern gemeinsam durch und ermutigen Sie sie, gerne auch nachzufragen.

Y Testen Sie die Produktkenntnis Ihrer Mitarbeiter, indem Sie vor der Schicht schnell einige Fragen auf sie abfeuern. Bevor der mittägliche oder abendliche Ansturm losgeht, ist immer Zeit für ein schnelles Fünf-Fragen-Quiz, das auf die Kenntnisse und die Dialogfähigkeit Ihrer Mitarbeiter abzielt. Servicemitarbeiter und Barkeeper sollten die Rezepte für Cocktails auswendig können und zumindest drei bekannte Spirituosenmarken für jede Alkoholsorte nennen können. Sie sollten außerdem in der Lage sein, zwei Weine beziehungsweise zwei besondere Biersorten zu nennen, die gut zu den Gerichten der Tageskarte passen. Verfolgen Sie die Ergebnisse dieser Tests sehr genau und belohnen Sie die Mitarbeiter beim nächsten Monatsmeeting.

Y Vermitteln Sie Ihren Mitarbeitern, dass zum Verkaufen mehr gehört als bloße Produktkenntnis – gute Verkäufer verfügen über Produkt*weisheit*! Sie sollten nämlich nicht nur alles über das Produkt an sich wissen, sondern auch, wie sie dieses Wissen erfolgreich in jedes Gespräch mit dem Gast einfließen lassen können.

Spicken erlaubt

Sie können Ihren Mitarbeitern helfen, all ihre Kenntnisse im Kopf zu behalten, indem Sie alle Ihre Cocktail-, Bier- und Weinkarten auf Karteikärtchenformat kopieren. Lassen Sie jeden Mitarbeiter eine Karte ziehen und erzählen, was er über dieses Produkt weiß. Lassen Sie auch erfolgreiche Dialogbeispiele vortragen. Bekleben Sie dann diese Karten mit einer Schutzfolie, so dass die Mitarbeiter sie in der Tasche bei sich tragen und bei Bedarf einen kurzen Blick darauf werfen können.

Besonders beliebt bei ...

19 Wort für Wort

Bilder mit Worten und Satzteilen malen

Der beste Freund eines guten Verkäufers ist die Sprache. Welche der beiden folgenden Empfehlungen nehmen Sie lieber an? *„Was darf's denn sein?"* oder *„Hatten Sie schon Gelegenheit, sich unsere Getränkeauswahl anzusehen? Berühmt sind wir für unsere Caipirinhas. Besonders für unseren Jumbo-Caipirinha, Sie bekommen die doppelte Menge für nur 2 Euro mehr."* Die Servicemitarbeiter können dem Gast nicht jedes Getränk an den Tisch bringen, um zu zeigen, wie gut es aussieht und schmeckt. Stattdessen müssen sie es beschreiben – am besten so, dass davon in der Vorstellung des Gastes ein verlockendes Idealbild entsteht.

Trainieren Sie Ihre Mitarbeiter, ausgewählte Adjektive und Sätze einzusetzen, die das gewünschte Bild kreieren und dem Gast das Wasser im Munde zusammenlaufen lassen. Zum Beispiel: *„Unsere Portugieser Spätlese hat einen vollen, fruchtigen Geschmack, der hervorragend zu dem Flammkuchen passt, den Sie gewählt haben."* Es ist wichtig, dass Ihre Mitarbeiter üben, solche beschreibenden Worte und Ausdrücke zu benutzen. Schreiben Sie die folgende Liste mit Beispielen auf ein Flip-Chart und gehen Sie in monatlichen Verkaufsmeetings darauf ein.

Lassen Sie für jeden Begriff der Liste eine Servicekraft ein Getränk nennen, das sich mit dem Wort besonders gut beschreiben lässt. Machen Sie um alle Wörter einen Kringel, die Ihre Mitarbeiter anwenden können (am Ende sollten Sie alle Begriffe umkringelt haben).

Dann rufen Sie nacheinander die Mitarbeiter auf und lassen Sie diese Worte in einen effektiven Verkaufsdialog einbauen.

Bier:

eiskalt
süffig
alkoholfrei
nach Deutschem Reinheitsgebot
erfrischend
malzig
importiert
durstlöschend

Wein:

zeichnet sich aus durch
trocken
vollmundig
beliebt
fruchtig
herb
sanft im Abgang
Schorle

Drinks:

mit frischen Früchten
gefrostet
tropisch
cremig
einzigartig
berühmt
riesig
frischgepresst

Erzähl mir mehr

Einige Worte und ihre Verwendungsweise, mit denen Servicemitarbeiter und Barkeeper mehr Getränke verkaufen können:

Angebot: *„Heute Abend ist unser Cabernet Sauvignon im Ange-
bot. Wir servieren ihn heute glasweise für nur 4 Euro."* Oder:
*„Unser heutiges Spezialangebot ist der extrafruchtige Planters
Punch für nur 6 Euro."*

Ausprobieren: *„Möchten Sie diesen Wodka Tonic einmal mit
Smirnoff ausprobieren?"* Oder: *„Wenn Sie einen alkoholfreien
Drink möchten, sollten Sie einmal die Kreation unseres Bar-
keepers ausprobieren, einen tollen Fruitpunch."*

Beliebt: *„Besonders beliebt ist bei uns der Caipirinha! Darf ich
Ihnen auch einen bringen?"*

Lassen Sie sich ruhig Zeit ...!

20 Beredte Körper

Positive Körpersprache hilft beim Verkaufen

Jedes Gesicht kann tausend verschiedene Ausdrücke annehmen. Stellen Sie sicher, dass Ihre Gäste nur diejenigen von Ihren Mitarbeitern zu sehen bekommen, die angenehm und freundlich sind. Mit anderen Worte: Lassen Sie in Ihrem Betrieb niemanden sein Showbiz-Face verlieren! Trainieren Sie mit Ihren Servicekräften, wie sie Ihren Gästen die Zähne zeigen können – beim Lächeln. Das ist der einfachste und sicherste Weg, Anerkennung zu schenken und den Gästen zu zeigen, dass sie willkommen sind und mit Freude bedient werden.

Die Augen sind entscheidend! Niemand darf beim Kontakt mit dem Gast stur auf seinen Notizblock starren oder auf einen Punkt, der irgendwo oberhalb der Schultern des Gastes in der Ferne zu suchen ist. Es ist wichtig für das Wohlbefinden des Gastes, Blickkontakt herzustellen. Das ist ein Zeichen des aufmerksamen Zuhörens und der Bereitschaft, die Wünsche der Gäste zu erfüllen.

Höhere Umsatzzahlen und größere Trinkgelder sind Beweis genug, um zu erkennen, wie wichtig eine positive Körpersprache ist. Trainieren Sie Ihre Mitarbeiter, sich dem Gast deutlich zuzuwenden, während sie ihm zuhören und die Bestellung aufnehmen. Kein Servicemitarbeiter sollte den Eindruck vermitteln, er sei auf der Flucht (halb vom Gast weggedreht, einen Fuß vor dem anderen in Richtung „Nur weg hier").

Stellen Sie auch sicher, dass niemand im Service Kinder übersieht. Es macht einen positiven Eindruck, wenn man sich zu ihnen hinabwendet, vielleicht dabei sogar in die Hocke geht und sie direkt anspricht. Ein zufriedenes Kind macht einen zufriedenen Tisch! Ein zufriedener Tisch macht ein gutes Trinkgeld! Und vergessen Sie nicht, dass Eltern das Restaurant danach auswählen, wie gut man dort auch mit einem Kind bedient wird.

Was unsere Mütter uns schon beibrachten: „Man zeigt nicht mit nacktem Finger auf angezogenen Leute", das gilt noch heute. Im Restaurant wird nicht mit dem Finger gezeigt, weder auf andere Mitarbeiter: „Der Kollege (zeig) ist für Ihren Tisch zuständig!" noch auf Gäste: „Die Herrschaften (zeig) möchten die Rechnung!" Trainieren Sie mit allen Mitarbeitern, die Nummern der Servicebereiche und Tische auswendig zu lernen und zu verwenden. Wenn gewiesen (nicht gezeigt) werden muss („Bitte, wo ist denn hier die Toilette?"), weist man mit der ganzen Hand und erläutert: „Dort vorn durch die Tür auf der rechten Seite!", besser aber, man geht sogar noch einige Schritte mit, während man in die entsprechende Richtung weist.

Dass man nicht mit den Fingern zeigen darf, heißt nicht, dass man gleich die Hände in der Schürze oder in den Hosentaschen verstecken muss – es sei denn, man möchte tatsächlich etwas daraus hervorholen. Übrigens: Eine kurze Inspektion der Arbeitskleidung vor Schichtbeginn sollte eine Selbstverständlichkeit sein. Die Gäste sollen Empfehlungen den verlockenden Schilderungen der Servicemitarbeiter entnehmen, nicht den Flecken auf deren Kleidung.

Die Macht positiver Signale

Das „Pencom-Nicken" ist eine wichtige Form der Körpersprache, die Ihre Mitarbeiter im Service leicht erlernen und gewinn-
bringend einsetzen können. Und so funktioniert's: Während der
Servicemitarbeiter seinem Gast etwas vorschlägt – zum Beispiel:
„Möchten Sie vielleicht Beefeater in Ihrem Gin Tonic probieren?"
–, muss er nur lächeln und langsam bekräftigend mit dem Kopf
nicken. Das ist ein subtiles bestätigendes Körpersignal, es sagt
dem Gast, dass er damit eine gute Wahl trifft.

21 Requisiten nicht vergessen!

Verkaufshilfen richtig einsetzen

Das Restaurantgeschäft ist Showgeschäft – Ihre Servicekräfte und Barkeeper sollten daher niemals die Bühne betreten, ohne dort ihre Requisiten vorzufinden. Requisiten sind Verkaufshilfen, Werkzeuge, die Ihre Mitarbeiter nutzen können, um ihre Empfehlungen zu unterstreichen. Zum Beispiel Tischaufsteller, Promotionposter, Speise- und Getränkekarten. Sogar die Speisen und Getränke selbst sind ihre eigenen Verkaufshilfen: Eine alte Flasche Wein, die man am Tisch herzeigt oder ein exotisch aussehender Longdrink, der durch den Raum getragen wird, bevor man ihn anderen Gästen serviert, sind solche Highlights.

Warum der Aufwand? Weil Gäste mehr verzehren und trinken, wenn man ihre Sinne anspricht. In der Eisdiele ist ja auch oft das Bild auf der Karte ausschlaggebend für die Wahl des Eisbechers – das gilt für Drinks nicht minder. Gäste sehen sich gerne Bilder an, während der Servicemitarbeiter erläuternd berät. Man muss dem Gast nur die Möglichkeit geben, sich die Verkaufshilfen zu betrachten. Und stellen Sie sicher, dass die Verkaufshilfen in diesem Falle wirklich sauber, trocken und ungeknickt sind. Im Folgenden noch einige weitere Vorschläge, wie Ihre Mitarbeiter Requisiten erfolgreich nutzen können:

🍸 Das Meeting vor einer Schicht oder das monatliche Verkaufsmeeting ist die richtige Gelegenheit, Ihre Mitarbeiter mit dem Umgang der Requisiten vertraut zu machen. Lassen Sie sie den gezielten Einsatz von Tischaufstellern, Weinkarte, Tageskarten usw. mit einer begleitenden Empfehlung proben. Wenn zum

Beispiel ein Gast fragt: *„Welche Weine bieten Sie an?"*, sollten die Servicekräfte die Weinkarte öffnen, sie dem Gast überreichen und sagen: *„Wie Sie auf unserer Karte sehen, haben wir eine große Auswahl an Weinen. Unsere Tagesempfehlung ist der Chapel Hill (auf die Karte weisend), ein wundervoller Chardonnay, der hervorragend zu den von Ihnen gewählten Vorspeisen passt. Soll ich Ihnen eine Flasche bringen?"* So können Servicemitarbeiter ihre Vorschläge wirkungsvoll unterstützen und den Gästen helfen, eine Auswahl zu treffen.

Y Schauen Sie sich einmal in Ihrer Bar um. Kann man die Tafeln mit den Tagesgerichten und -empfehlungen von jedem Punkt aus lesen? Haben die Servicemitarbeiter Übung darin, jeden Gast auf die ihm am nächsten platzierte Karte hinzuweisen, während sie den Gästen Empfehlungen machen?

Y Halten Sie mit Ihren Mitarbeitern eine Übungsparade ab, während der sie proben, Tabletts mit Weinflaschen, frisch gezapften Bieren, aufsehenerregenden Longdrinks, Appetizern und Desserts durch den Raum zu tragen – und zwar auf eine Weise, die den Gast neugierig macht. Das ist eine ganz einfache Methode, das Verlangen des Gastes auf lecker aufgemachte Drinks und Desserts zu erwecken. Deshalb sollten Ihre Mitarbeiter nie vergessen, aus jeder gebrachten Bestellung eine Show zu machen.

Y Können Sie sich noch an die Filmszene von Harry und Sally erinnern, in der Sally einen Orgasmus vorspielt, anschließend ganz normal weiterisst und die Frau am Nachbartisch zum Servicemitarbeiter sagt: „Ich will genau das, was sie hatte." Menschen möchten gerne das, was andere essen oder trinken.

Das Beste zum Schluss

Ziehen Sie doch einmal in Erwägung, kleine Digestiffläschen (Airline-Größe) auf die Desserttabletts zu stellen. So erinnern sich Ihre Mitarbeiter ständig daran, Digestifs mit der gleichen Selbstverständlichkeit zu empfehlen wie Desserts und Kaffee. Lassen Sie sie die Tabletts in Augenhöhe des Gastes halten und auf jedes Dessert und Getränk zeigen, während sie es beschreiben. Das ist eine einfache und wirkungsvolle Methode, den Verkauf von Spirituosen zu erhöhen. Natürlich sollten Sie dann nicht tatsächlich den Inhalt der kleinen Flaschen servieren – das wäre zu teuer, schenken Sie dem Gast aus den großen Flaschen der gleichen Marke aus!

Was hätten Sie denn gerne?

22 Verkaufen ist Service

Verkaufstechniken, um die gesamte Speisekarte zu verkaufen

Wenn Sie möchten, dass Ihre Servicemitarbeiter in der Bar mehr Umsatz machen, müssen Sie sie dafür mit effektiven Verkaufstechniken ausstatten, die sie in allen denkbaren Verkaufssituationen einsetzen können. Sie sollten ihnen beispielsweise folgendes vermitteln:

🍸 **Sag es zuerst und zuletzt.** Leute tendieren dazu, sich das Erst- und das Letztgesagte zu merken. Also nennen Sie die Dinge, die sie verkaufen möchten, generell zuerst und am Ende des Dialoges noch einmal detaillierter. Werbemacher nutzen diese Technik seit Jahren. Warum? Weil es wirkt! Wenn Sie mehr Bier verkaufen möchten, sagen Sie zum Beispiel: *„Kann ich Ihnen etwas zu trinken bringen? Ein frisches Bier, ein Glas Wein oder einen Cocktail? Heute haben wir ein leckeres Weizenbier im Angebot."*

🍸 **Gehen Sie vom Verkauf aus.** Das hat nichts mit „Drücker-mentalität", sondern mit Selbstvertrauen zu tun. Vielleicht bekommen Sie ein „Nein danke!" zur Antwort, wenn Sie eine Flasche Wein zum Essen empfehlen, aber das heißt noch lange nicht, dass Sie es am nächsten Tisch nicht wieder versuchen sollten. „Soll ich Ihnen jetzt noch einen Wein bringen oder möchten Sie warten, bis ich Ihnen das Sandwich bringe?" Das funktioniert fast immer.

Y Bieten Sie immer eine Auswahl an. Um eine Entscheidung zu treffen, stützen sich Gäste auf die Speisekarte und das Gespräch mit dem Servicemitarbeiter. Also liegt es an ihm oder dem Barkeeper, ihnen einen guten Überblick zu verschaffen. Eine Möglichkeit besteht darin, grundsätzlich von allem zweierlei anzubieten. Zum Beispiel: *„Möchten Sie Gordon's oder Tanqueray in Ihrem Gin Tonic?"*

Y Eigenschaften und Vorteile. Ihre Mitarbeiter sollten alle Angebote auf der Speisekarte hinsichtlich ihrer Eigenschaften (was ist es) und Vorteile (wo liegt der Vorteil für den Gast) kennen. Es hilft dem Gast, wenn der Mitarbeiter bei den Vorschlägen auf diese beiden Punkte eingeht, und es hilft dem Mitarbeiter dabei, spezielle Produkte zu verkaufen.

Eigenschaften:

Y Es kostet nur einen Euro.

Y Es wird mit einem Schlag frischer Sahne serviert.

Y Mit Amaretto extra kostet es nur 50 Cents mehr.

Y Das gibt es auch zum Mitnehmen.

Y Es kommt aus garantiert ökologischem Anbau.

Vorteile:

- Das ist weniger, als eine Tasse Kaffee kostet.
- Das hat weniger Kalorien als Torte.
- Ansonsten kostet der Amaretto das Doppelte.
- Das ist toll für Gäste, die es eilig haben.
- Es ist mit Sicherheit gesund.

Stellen Sie den Empfang auf Gelegenheiten

Besondere Ereignisse können alles bedeuten: ein Geburtstag, ein Jubiläum, eine Beförderung. Hören Sie Ihren Gästen gut zu. Sie hören zum Beispiel, wie jemand sagt: *„Unser Chef hat uns den Rest des Tages freigegeben."* Das lässt ein guter Verkäufer nicht unkommentiert: *„Hey, Glückwunsch! Wie wäre es mit einem Prosecco, um das zu feiern, aber wir bieten heute auch ein ganz besonderes Bier an. Wer noch fahren muss, kann ja zur Feier des Tages unseren alkoholfreien Cocktail probieren."*

23 Verkaufskönig

Mehr Bier verkaufen

Bier zu trinken war schon im alten Ägypten ein beliebter Zeitvertreib – überlieferte Braurezepte beweisen das. Zum Essen oder „einfach so" ist es eines der beliebtesten Getränke. Also sollte der Verkauf von Bier an einen durstigen Gast so einfach sein, wie – na eben wie der Verkauf von Bier an einen durstigen Gast! Trotz dieser Tatsache birgt der Verkauf von Bier einige teure Nachteile: Fässer benötigen Platz, Flaschen müssen gelagert werden, beides muss auf die richtige Temperatur gekühlt werden, um Reklamationen zu vermeiden, und auch das Leergut muss gelagert werden oder verbraucht Platz in den Mülltonnen.

Deshalb ist es von Vorteil, wenn Servicekräfte jede Verkaufsgelegenheit nutzen. Nachfolgend einige Techniken und Dialogbeispiele, die Sie an Ihre Mitarbeiter weitergeben können:

🍸 Lassen Sie Ihre Mitarbeiter Bier als Teil des Eröffnungsgesprächs anbieten: *„Wie wäre es mit einem kühlen Holsten oder einem Salitos mit Tequilageschmack zum Anfang?"*

🍸 Reihen Sie Ihre Flaschenbiere hinter der Bar auf (bitte staubfrei!), aber stellen Sie auch sicher, dass Ihre Mitarbeiter alle Sorten aufzählen können und nicht nur einfach sagen *„Die hier!"*, wenn ein Gast fragt: *„Welche Sorten Bier haben Sie denn?"*

🍸 Für den Fall, dass Sie Pitcher anbieten, sollten Ihre Mitarbeiter sie auch tunlichst empfehlen, und zwar immer dann, wenn zwei oder mehr Gäste am Tisch nach Bier vom Fass fragen: *„Wir haben heute ein tolles Angebot: Der Pitcher Holsten Lager für 10 Euro ist um 3 Euro billiger, als wenn Sie die gleiche Menge einzeln bestellen!"*

Y Wenn Sie Bier in zwei Größen anbieten, lassen Sie Ihre Mitarbeiter immer nicken (Sie erinnern sich, das „Pencom-Nicken"!), wenn sie fragen: *„Ein Großes?"*

Y Lassen Sie Ihre Mitarbeiter beim Verkauf von Bier Schlüsselwörter benutzen, zum Beispiel „kühl", „erfrischend" und „durstlöschend": *„Ich kann Ihnen ein erfrischendes Carlsberg empfehlen oder ein Warsteiner, das ist recht herb und sehr durstlöschend."*

Y Um einer Gruppe von mehr als vier Personen einen zweiten Pitcher Bier zu verkaufen, sollten Ihre Mitarbeiter stets beim Vorschlag schon vom Verkauf ausgehen: *„Kann ich Ihnen noch einen Pitcher bringen oder möchten Sie auf die Hauptspeise warten?"*

Perfekte Paare

Paaren Sie Biere mit speziellen Appetizern und trainieren Sie Ihre Mitarbeiter, diese Kombinationen gezielt anzubieten, während Sie mit den Gästen einige eröffnende Worte wechseln: *„Heute bieten wir den Sixpack Millers zusammen mit Nachos zu einem besonders günstigen Preis!"* Listen Sie diese Kombinationen auf der Speisekarte auf, auf der Tageskarte, auf Tischaufstellern oder auf der Tafel und lassen Sie Ihre Mitarbeiter üben, diese Verkaufshilfen gezielt einzusetzen. Stellen Sie bunte Tischaufsteller mit den entsprechenden Angeboten auf alle Tische und auf die Theke vor jeden zweiten Barhocker. Wie alle anderen Verkaufshilfen müssen diese natürlich immer tipptopp und sauber sein.

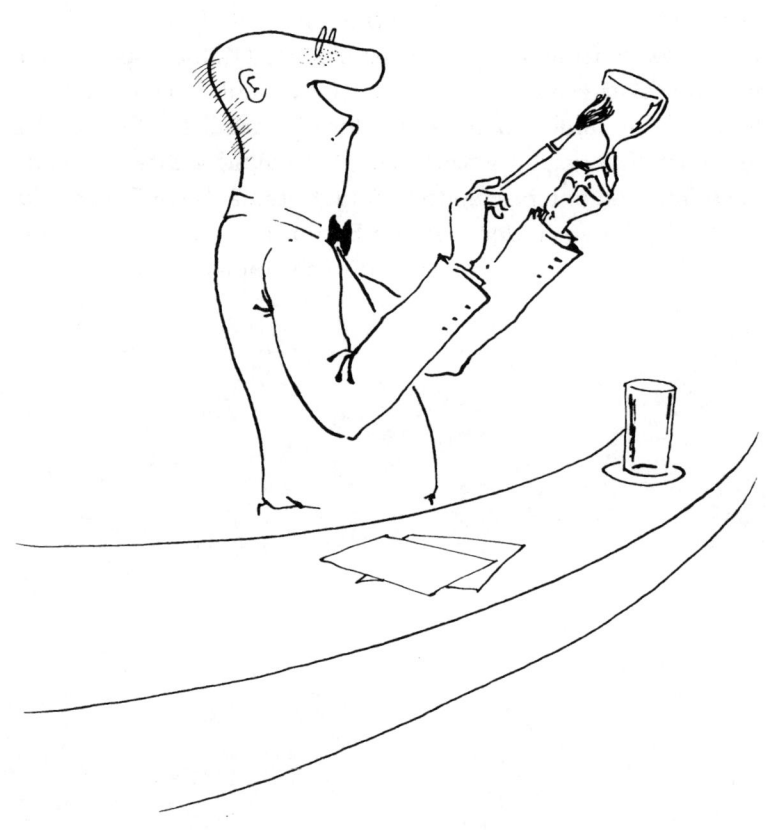

24 Immer sauber bleiben

Das Geheimnis eines sauberen Bierglases

Biertrinker sind meist etwas zimperlich. Sie möchten, dass ihr Frisch-gezapftes genau richtig aussieht: mit der perfekten Krone und einem schaumigen Ring im Glas nach jedem Schluck. Außerdem möchten Sie, dass es richtig schmeckt: kühl, erfrischend und lebendig. Oft sind sie auch ausgesprochen markentreu – sie merken sofort, wenn etwas nicht stimmt. Schmeckt ein einziges Bier nicht so, wie es schmecken soll, ist ein Gast vielleicht für immer verloren.

Das ist ein hartes Geschäft, denn mit Bier kann ziemlich viel schief gehen: Ein fettiges Glas, ein lockerer Zapfhahn oder ungleichmä-ßiger Druck können die Schaumkrone beeinträchtigen. Wolkiges Bier wird durch eine zu stark gekühlte Leitung oder durch partiell über-hitzte Leitungen hervorgerufen. Überschäumendes Bier wird durch unsachgemäßes Einschenken, durch abgenutzte Zapfhähne sowie durch verdrehte oder verstopfte Leitungen verursacht. Ein merk-würdiger Beigeschmack kann durch verschmutzte Zapfhähne oder Leitungen entstehen, manchmal reichen auch schon schmutzige, fet-tige Küchendünste. Bei so vielen Möglichkeiten, ein Bier zu verhun-zen, wundert man sich beinahe, wenn eines gelingt. Der Weg zum perfekten Bier läuft daher nur über eine permanente Wartung der Fässer, Leitungen, Zapfhähne und ihrer Umgebung.

Saubere Gläser sind von grundlegender Wichtigkeit, um ein perfekt aussehendes und gut schmeckendes Bier einzuschenken. Deshalb führt der Weg zum perfekten Bier weiterhin über Mitarbeiter, die alle vier Regeln des sauberen Glases beherzigen müssen. Das Glas ist das Verbindungsglied zwischen einem gut gebrauten Bier und dem Gast.

Y Beginnen Sie mit einer sauberen Spüle mit zwei Becken: Das erste Becken sollte mit warmem Wasser und etwas Spülmittel gefüllt sein, über einen Überlauf verfügen, der für einen konstanten Wasserstand sorgt, sowie über ein Filtersieb, das alle festen Rückstände auffängt, wenn ein Glas ausgeschwenkt wird. Becken Nummer zwei sollte mit kaltem Wasser gefüllt sein, durch das ein steter, schwacher Fluss läuft.

Y Entleeren Sie die Gläser vollständig über dem Filtersieb im ersten Becken. Schrubben Sie die Gläser gründlich mit einem Glasspülmittel und, wann immer möglich, mit einer Bürste. Nehmen Sie geruchsfreie, nicht rückfettende Reiniger, die speziell für das Reinigen von Biergläsern entwickelt wurden. Reiniger auf Ölbasis können einen Film auf der Glasoberfläche hinterlassen.

Y Spülen Sie das Glas im zweiten Becken sehr gründlich nach. Stellen Sie das Glas immer mit dem Boden nach unten in den Wasserstrom, um zu verhindern, dass Luftblasen aufschäumen und/oder unzureichend gespült wird.

Y Trocknen Sie die Gläser kopfüber auf einem Abtropfbrett, das eine gute Luftzirkulation durch das Glas ermöglicht. Überlassen Sie den Rest der Verdunstung.

Werfen Sie das Handtuch (weg)

Weisen Sie Ihre Mitarbeiter an, Biergläser niemals mit dem Handtuch zu trocknen oder zum Trocknen auf einer ebenen Fläche abzustellen. Oft haften noch Reste von Bleiche oder Waschmittel in Handtüchern und Lappen. Diese Rückstände können in die Gläser ausdünsten und den Geschmack des Bieres verändern. Sollten hartnäckige Flecken nur mit einem Schwamm oder Tuch zu entfernen sein, muss das Glas erneut gereinigt und gespült werden.

Recht so?

25 Ausschankkontrolle

Schütten Sie Ihre Gewinne nicht in den Abfluss

Es gibt viele Wege, auf denen man in der Gastronomie Geld verlieren kann. Beim Bierausschank sind die Zapfhähne eine der schlimmsten Geldvernichtungsanlagen. Sicher, das gezapfte Bier ist eine der sichersten Einnahmequellen an der Bar, aber es ist auch leicht einzusehen, warum Sie dennoch unter dem Strich manchmal Geld verlieren. Stellen Sie sich vor, Sie drehen den Zapfhahn auf und gehen für eine Weile fort. Sehen Sie, wie das Geld den Abfluss hinunterläuft? Trotzdem handeln viele Betreiber genau so, weil sie denken, das Bier schmecke besonders gut, wenn sich „die Leitungen warm laufen".

In Wahrheit ist die alte Praktik des Voraböffnens der Leitungen vor dem Ausschenken eine unnötige Verschwendung. Betreiber, die nicht davon lassen, riskieren es, 5 bis 10 % Prozent ihres Gewinns fortzuschütten. Falls diese Methode eine Leistungsverbesserung bringen sollte, heißt das vielmehr, dass die Leitungen eine Reinigung nötig haben oder dass das Bier nicht kalt genug ist.

Die überaus wichtige Krone des Bieres ist eine weitere Quelle für Gewinne und Verluste! Der Schaum besteht zu einem Viertel aus flüssigem Bier. Biertrinker erwarten eine schöne Schaumkrone auf ihrem Bier. Jedes Bisschen mehr oder weniger Schaum lässt sie denken, man wolle sie über den Tisch ziehen. Ist zu viel Schaum auf dem Bier, werden sie betrogen. Ist zu wenig oder gar kein Schaum im Glas, bekommen sie mehr Bier, als sie bezahlen, und das bedeutet einen Verlust für das Unternehmen.

Vermitteln Sie Ihren Mitarbeitern hinter dem Tresen folgende Tipps für das perfekte Bierzapfen – perfekt sowohl in Hinsicht auf den Geschmack als auch auf den Gewinn:

- Beginnen Sie mit einem sauberen Glas, das kurz in kaltes Wasser getaucht wird. Benutzen Sie niemals ein warmes Glas oder eines, das nicht ausreichend geputzt, gewaschen und gespült und/oder unsachgemäß getrocknet wurde. Selbst der winzigste Rückstand auf dem Glas wird die Krone ruinieren und das Bier flach halten.

- Halten Sie das vorgespülte Glas so unter den voll geöffneten Zapfhahn, dass das Bier die Wandung entlangläuft. Das zur Hälfte gefüllte Glas bleibt etwa eine Minute stehen, erst dann wird nachgezapft. Generell soll beim Zapfen der Hahnauslaufbogen nicht in das Bier eintauchen, weil sonst Luft in das Bier gedrückt und die Kohlensäure ausgetrieben wird. Nach etwa einer Minute wird durch schnelle Auf- und Zubewegung die Schaumkrone aufgesetzt.

- Wenn Sie eine Bestellung für mehrere Getränke erhalten, die unter anderem ein Bier enthält, zapfen Sie das Bier immer als letztes, so, dass es gerade fertig ist, wenn der Servicemitarbeiter die Bestellung abholt und zum Tisch bringt. Wenn man das Bier zuerst zapft, verliert es seine Krone, bevor es den Gast erreicht. Nehmen Sie niemals einen Strohhalm oder etwas Ähnliches, um das Bier wieder aufzuschäumen.

Starkbiertradition

Es gibt eine einzige Ausnahme von der „Zapf-zuletzt-Regel": Starkbiere, wie zum Beispiel Guinness, kommen sehr langsam aus dem Zapfhahn und entwickeln einen dicken, cremigen Schaum, der einige Minuten braucht, um sich zu setzen. Trainieren Sie Ihre Barkeeper, Starkbiere zuerst zu zapfen und sie für einige Minuten stehen zu lassen, während sie sich um die anderen Getränke kümmern. Der Schaum nimmt während dieser Zeit langsam seinen Weg nach oben und es bildet sich eine dicke, beinahe schwarze Flüssigkeit. Sobald diese drei Viertel des Glases ausfüllt, entfernen Sie den Schaum bis auf einen schmalen Streifen. Haben Sie keine Angst, dass das Bier zu warm wird – Starkbiere werden idealerweise bei etwa 13 Grad C getrunken. Und entschuldigen Sie sich nicht für die Verspätung, denn Starkbiertrinker kennen dieses Ritual und sind ein paar Minuten Wartezeit gewohnt.

Sehr zu empfehlen!

26 Traditionen brechen

Ganze Flaschen verkaufen

Das große Aufheben und Getue, das der klassische Weinverkauf in Restaurants häufig mit sich bringt, hat sich zum Teil als hinderlich erwiesen. Natürlich wird in Edelrestaurants und Gourmettempeln noch immer ganz selbstverständlich Wein flaschenweise bestellt und serviert, aber in den etwas „einfacheren" Restaurants zögern Gäste oft aufgrund der vermeintlich umständlichen und einschüchternden Prozedur, die mit der Bestellung von Flaschenweinen verbunden ist.

Übrigens ist es nicht nur die Angst des Gastes vor dem Auswählen und Probieren, die den Verkauf von Flaschen im größeren Stil beeinträchtigt. Ein noch größeres Hindernis können unerfahrene Servicemitarbeiter sein, die zu schüchtern sind, Vorschläge zu machen. Machen Sie Schluss mit der unnötigen Ehrfurcht! Vermitteln Sie Ihren Servicekräften einige Grundsätze der Weinkunde und zeigen Sie ihnen, wie man einfach und unverkrampft Empfehlungen aus der Weinkarte ausspricht, die gut zu den jeweiligen Speisen der Gäste passen.

Weinverkaufstraining stößt bei den Servicekräften immer auf offene Ohren, weil sie sich anschließend sicherer fühlen, wenn Gäste nach einer Weinempfehlung zum Essen fragen. Sie freuen sich auch über die Aussicht, dass es wahrscheinlich mehr Trinkgeld gibt, wenn sie den in der Regel teureren Flaschenwein verkaufen. Der Verkauf ganzer Flaschen erspart den Servicekräften darüber hinaus Zeit, weil sie nicht wegen einzelner Gläser hin und her laufen müssen.

Vorschläge und Empfehlungen werden von Gästen, die zwar gerne Wein trinken, aber keine Weinkenner sind, besonders gerne angenommen, wenn sie in einer freundlichen, unaufdringlichen Art (und keinesfalls überheblich) ausgesprochen werden. Machen Sie Ihre Mitarbeiter zunächst damit vertraut, welcher Ihrer Weine zu welchem Essen auf der Speisekarte passt.

Beispiel:

🍸 Appetizer – Champagner, trockene Weißweine, Sherry

🍸 Rind, Lamm – herzhafte Rotweine

🍸 Kalb, Geflügel, Fisch und Meeresfrüchte – trockene oder halbtrockene Weißweine, Roséweine

Und vergessen Sie nicht, Ihren Mitarbeitern immer wieder die passenden Weine für die Tageskarte zu nennen.

Die Grundregeln sind ganz einfach: Rotweine zu rotem Fleisch und Weißwein zu weißem Fleisch oder Fisch und Meeresfrüchten. Landestypische Speisen lassen sich in der Regel gut mit Weinen aus demselben Land kombinieren. So wäre ein roter Chianti eine gute Empfehlung zu einer Lasagne. Griechischer Wein passt gut zu griechischen Vorspeisen und Gerichten. Außerdem gibt es nur wenige Weine, die es geschmacklich mit sehr stark gewürzten Speisen aufnehmen. Zu kräftig gewürzten Enchiladas empfiehlt man am besten eine Margarita oder einen Caipirinha.

Über diese grundsätzlichen Regeln sollte man jedoch eines nicht vergessen: Am wichtigsten ist der persönliche Geschmack. Einen Gast, der gerne Rotwein zum Fisch trinkt, sollte man nicht belehren oder wegen seiner „Unkenntnis" bespötteln. Auch wenn sich Ihre Mitarbeiter bei ihren Empfehlungen nach den klassischen Regeln richten sollten – falls sich ein Gast dagegen entscheidet, sollte das keine hochgezogenen Augenbrauen hervorrufen, sondern vielmehr unterstützend kommentiert werden.

Süße Gaumenfreuden

Eine der am häufigsten verpassten Gelegenheiten, Wein vorzuschlagen, betrifft das Ende einer Mahlzeit. Da bekannt ist, wie perfekt aufeinander abgestimmte Speisen und Weine den Genuss wechselseitig erhöhen, sollten Sie Ihren Mitarbeitern auch erklären, wie Weine und Desserts ein exquisites Geschmackserlebnis hervorrufen. Zum Beispiel in den folgenden Kombinationen:

Y Ein trockener Cabernet mit Schokolade

Y Sekt mit frischen Früchten (insbesondere Erdbeeren)

Y Portwein mit allen Desserts, die Nüsse enthalten (besonders Walnüsse und Haselnüsse)

Wir führen keinen Wein ...

Den Verkauf von Wein trainieren

Tatsächlich gibt es bei jeder Mahlzeit die Möglichkeit, Wein vorzuschlagen – und viele Möglichkeiten, wie Servicemitarbeiter ihn erfolgreich verkaufen. Warum also warten, bis der „richtige" Zeitpunkt gekommen ist? Bringen Sie Ihren Mitarbeitern bei, dass es bei jeder Mahlzeit die folgenden vier Gelegenheiten gibt, Wein anzubieten:

1. Gleich bei der ersten Begrüßung des Gastes am Tisch.

2. Wenn die Vorspeisenbestellung aufgenommen wird.

3. In der Zeit zwischen Vorspeise und Hauptgericht.

4. Wenn die Speisen serviert werden.

Erinnern Sie Ihre Mitarbeiter daran, dass der Gast sich die zuerst und zuletzt genannten Vorschläge am besten einprägt. Lassen Sie sie daher den Wein zu Beginn des Gespräches vorschlagen und noch einmal ausführlicher an dessen Ende darauf eingehen: *„Kann ich Ihnen zunächst einen Wein, ein Bier oder einen Cocktail bringen? Wir haben heute einen besonders guten Pinot Grigio."*

Ihre Mitarbeiter sollten Weine einer mittleren Preiskategorie vorschlagen, es sei denn, sie werden gezielt nach einem bestimmten (hochpreisigen) Wein gefragt. Es schafft Vertrauen, wenn man nicht gleich zur Begrüßung den teuersten Rebensaft empfiehlt, sondern einen vernünftigen Vorschlag macht.

Erinnern Sie ihre Mitarbeiter auch daran, immer eine ganze Flasche vorzuschlagen, sobald zwei oder mehrere Gäste sich für den gleichen Wein entscheiden. Zum Beispiel so: *„Da Sie beide den Pinot Grigio gewählt haben, kann ich Ihnen auch gerne eine Flasche bringen, es ist ein ganz ausgezeichneter Wein und die Flasche ist auch günstiger, sobald Sie drei Gläser davon trinken."* Geben Sie jedem Mitarbeiter ein persönliches Weinverkaufsziel mit auf den Weg. Belohnen Sie Mitarbeiter, die das vorgegebene Ziel erreichen, zum Beispiel mit einem Rubbellos.

Setzen Sie sich doch auch einmal mit Ihrem Lieferanten in Verbindung, ob er für einen einmonatigen Verkaufswettbewerb Merchandise-Artikel sponsert (zum Beispiel T-Shirts, Weingläser, Schlüsselanhänger usw.). Loben Sie für die Mittagsschicht höhere Preise aus, da sich der Verkauf von Wein mittags schwerer gestaltet.

Weinpatrouille

Wäre es schön, sehr viel mehr Wein zu verkaufen? Innovative Gastronomen suchen nach immer neuen Techniken, Weinverkäufe zu steigern. Eine Möglichkeit ist, einen Mitarbeiter, möglichst einen ausgesprochenen Weinexperten, auf „Weinpatrouille" zu schicken. Er bekommt statt einer Station einen Korb mit Flaschen und Gläsern in die Hand und bietet an allen Tischen Weine – passend zum bestellten Essen – zum Probieren an. Wenn Gäste sich für einen der Weine begeistern, wird er ihm von dem zuständigen Servicemitarbeiter gebracht.

28 Keine Angst!

Weine öffnen und ausschenken

Für viele Servicemitarbeiter ist, neben der Angst vor einer Reklamation, die Vorstellung, vor dem ganzen Restaurant eine Flasche Wein öffnen zu müssen, das Schlimmste, was ihnen passieren kann. Damit sie sich beim Anbieten von Wein sicherer fühlen, müssen sie mit dem Zelebrieren des Entkorkens, Präsentierens und Servierens vertraut sein. Vermitteln Sie Ihren Mitarbeitern daher folgende Grundsätze:

Y Man trägt die Flasche ruhig und mit der Hand unter ihrem Boden. Der Rücken der Flasche lehnt am Unterarm, so dass sie eine 30-prozentige Neigung hat.

Y Präsentieren Sie die Flasche auf der rechten Seite des Gastes, um zu vermeiden, dass Sie vor ihm vorbeireichen müssen, wenn Sie einschenken. Nennen Sie laut den Namen des Weines: *„Pinot Grigio!"*

Y Öffnen Sie die Flasche auf dem Tisch oder in einem Eiskübel. Das ist einfacher, als sie „freihändig" zu entkorken.

Y Schneiden Sie die Folie unterhalb des Flaschenrandes etwa einen halben Zentimeter von der Öffnung entfernt ein, um das Tropfen zu vermeiden und den Wein nicht mit der Folie in Berührung kommen zu lassen und somit den Geschmack nicht zu verfälschen. Stecken Sie die Folie in die Hosentasche oder die Tasche Ihrer Schürze.

Y Wischen Sie den Flaschenhals mit einem Tuch ab, selbst dann, wenn die Flasche sauber ist. So vermeiden Sie mögliche Bedenken der Gäste.

Y Platzieren Sie den Korkenzieher so, dass er in der Mitte des Korkens einsticht. Drehen Sie ihn hinein, bis die Windung verschwunden ist. Halten Sie den Korkenzieher am Rand fest und ziehen Sie den Korken heraus. Winden Sie den Korken vom Korkenzieher und legen Sie ihn zur Rechten des Gastes auf eine Serviette. Wischen Sie die Flaschenöffnung erneut ab und schenken Sie dem Gast einen kleinen Schluck zum Probieren ein. Sollte er aus Unerfahrenheit nicht sofort probieren, bitten Sie ihn mit einem freundlichen Lächeln: *„Würden Sie bitte probieren, ob der Wein Ihrer Vorstellung entspricht?"* Falls er den Wein für gut befindet, schenken Sie den anderen Gästen am Tisch ein – Ladies first –, bevor Sie am Schluss das Glas des Gastgebers füllen. Bewegen Sie sich dabei im Uhrzeigersinn um den Tisch, damit Sie nicht bei jedem Gast die Richtung wechseln müssen, um von der richtigen Seite einzuschenken.

Y Mit der Serviette in der anderen Hand schenken Sie beherzt und ohne Zögern ein. Ein zu langsames Neigen der Flasche lässt den Wein am Hals herabtröpfeln. Ein kleiner Dreh des Handgelenkes, während man die Flasche wieder in eine senkrechte Position bringt, verhindert das Nachtropfen. Schenken Sie die Gläser zu zwei Dritteln voll, ohne die Ränder der Gläser mit der Flasche zu berühren.

Y Platzieren Sie Rotweine nach dem Einschenken zur Rechten des Gastgebers auf einem Untersetzer, das Etikett sollte ihm zugewandt sein. Legen Sie ein weißes Handtuch um den Hals von Weißweinen und stellen Sie sie in einen Eiskübel ebenfalls zur Rechten des Gastgebers.

Y Wird eine zweite Flasche bestellt, bringen Sie ein frisches Probierglas für den Gastgeber und nehmen Sie es sofort wieder mit sich, sobald er es geleert hat.

TIPP

Seien Sie vorbereitet!

Lassen Sie Ihre Mitarbeiter diese Prozedur üben, bis sie ihnen mühelos von der Hand geht, nicht nur für ihr eigenes Gefühl, sondern auch für zuschauende Gäste. Sie könnten zum Beispiel üben, indem sie die offenen Weine täglich für den Barkeeper entkorken. Vielleicht kann Ihnen Ihr Weinhändler auch Dummies oder Übungsflaschen zur Verfügung stellen, mit denen Sie bei den Mitarbeitermeetings trainieren können. Jeder Servicemitarbeiter sollte seinen eigenen Korkenzieher benutzen. Da diese zu den Dingen gehören, die am schnellsten spurlos verschwinden, sollten Sie immer einige für diejenigen Mitarbeiter in Reserve haben, die ihren vergessen oder verloren haben – vermieten Sie Korkenzieher gegen Gebühr (10 Euro, geht in die Ausflugskasse) an die Mitarbeiter oder verkaufen Sie sie ihnen (20 Euro).

Und dann hätten wir da noch ...

29 Wie bitte?

Ausspracheregeln für Weine

Ein weiterer wichtiger Faktor beim Verkauf von Weinen ist die korrekte Aussprache ihrer Namen. Ihre Gäste verlieren schnell das Vertrauen zu Ihrem Restaurant, wenn Ihre Mitarbeiter nicht in der Lage sind, den Namen eines Weines richtig auszusprechen (das gilt natürlich auch für die Namen von Speisen, zum Beispiel aus Spanien, Griechenland oder Mexiko). Es schafft eine äußerst unangenehme Atmosphäre, wenn Servicemitarbeiter sich durch die Weinkarte stottern. Deshalb sollten sie besser jeden Namen selbstbewusst und akzentfrei aussprechen können, damit die Gäste ihrem Urteil Vertrauen schenken. Gehen Sie deshalb die Weinkarte nicht nur inhaltlich mit Ihren Mitarbeitern durch, sondern lassen Sie sie alle Namen üben, bis sie sie mit der gleichen Geläufigkeit nennen wie die eigenen Nachnamen.

Lassen Sie denjenigen Ihrer Mitarbeiter eine Tonbandkassette mit den Namen der von ihnen angebotenen Weine besprechen, der sie am besten auszusprechen vermag. Wechseln Sie die Weinnamen mit aktueller Musik aus den Charts. Ihre Mitarbeiter können sich die Namen auf dem Weg von und zur Arbeit einprägen und zu Hause laut mitsprechen. Spulen ist Verboten! Wer die Namen am Ende der Übungszeit am besten kann, bekommt eine CD geschenkt – natürlich ohne Weinnamen.

Überprüfen Sie die Fähigkeiten Ihrer Mitarbeiter bei Ihrem nächsten monatlichen Verkaufstraining. Teilen Sie sie dazu in kleine Gruppen von zwei bis drei Mitarbeitern ein und geben Sie Karteikärtchen mit

Namen, phonetischer Sprachanleitung, Eigenschaften, Vorteilen und Preisen der verschiedenen Weine aus. Weisen Sie die Gruppen an, über alle aufgeführten Eigenheiten der Weine zu diskutieren und welche Speisen am besten zu ihnen passen. Rufen Sie einzelne Mitarbeiter auf, um die Weine zu beschreiben und notieren Sie die Ergebnisse auf einem Flip-Chart. Anschließend können Ihre Mitarbeiter ihre Produktkenntnisse mit verteilten Rollen im Rollenspiel vorführen, in dem sie „Gästen" Empfehlungen aussprechen.

Business as usual

Das folgende Rollenspielszenario für Ihre nächste Übungseinheit wird die Selbstsicherheit Ihrer Mitarbeiter entscheidend fördern: Es ist Mittagszeit und vier Geschäftsleute diskutieren heftig über die Arbeit. Wie kann man ihnen nun erfolgreich Wein zum Essen anbieten? Aufgabe: Ihre Mitarbeiter dürfen keine Scheu haben, Wein zum Mittagessen zu empfehlen. Ermutigen Sie sie dazu, Fragen zu stellen:

🍷 *„Haben die Geschäftsleute ihre Arbeit für diesen Tag beendet?"*

🍷 *„Haben sie nach dem Essen noch ein langes Meeting vor sich?"*

🍷 *„Feiern sie eine Beförderung oder einen erfolgreichen Geschäftsabschluss?"*

Ihr Betrieb sollte einen sehr leichten Wein im Angebot haben, der gut zu Salaten, Pasta und Sandwiches passt.

30 Etwas Besonderes

Cocktails verkaufen

Welchen Sinn hat es eigentlich, die vielen modernen Mixprodukte und Garnierungen für Cocktails zu kaufen und zu lagern, wenn die Servicemitarbeiter sie nicht ausdrücklich anbieten und verkaufen? Den richtigen Cocktail dem richtigen Gast vorzuschlagen, ist allerdings auch eine hohe Kunst. Das perfekte Mittel ist es, den Gästen ein ungewöhnliches Ausgeherlebnis zu bieten.

Trainieren Sie Ihre Mitarbeiter, die Gäste beim Vorschlagen von Cocktails so zu begeistern, dass ihnen das Wasser im Mund zusammen läuft. Hier finden Sie einige Beispiele, wie das gelingt:

Y Schlagen Sie zu mexikanischen Speisen oder Steaks Drinks auf Tequila-Basis vor: *„Wie wäre es mit einem Margarita oder einem leckeren Tequila Matador zu Ihrem Mexican-Style-Steak? Der Matador wird mit Cuervo Gold, Ananassaft und einem Schuss frischer Limette zubereitet und in einer Champagnerflöte serviert."*

Y Sprechen Sie den Wunsch der Gäste an, sich auch einmal abseits der Trampelpfade dessen zu bewegen, was gerade jeder trinkt. Statt des üblichen Glases Wein können Sie ein weinhaltiges Getränk anbieten: *„Zu unserem asiatischen Salat mit Putenbruststreifen passt natürlich ein Glas Weißwein. Sollten Sie allerdings Lust auf etwas ganz Besonderes haben, schlage ich Ihnen unseren Weißen Bellini vor. Der besteht aus Pfirsichsaft, Sekt und einem Spritzer schwarzer Johannisbeere und Limettensaft. Das schmeckt wirklich lecker und ergänzt gut die süß-sauere Note des Salates."*

Y Empfehlen Sie Getränke auf Weinbasis auch als etwas Außergewöhnliches für warme Sommerabende. Zum Beispiel so: *„Wir haben eine große Auswahl guter Weine. Aber an diesem herrlichen lauen Sommerabend empfehle ich Ihnen ganz besonders unseren Kir Royal. Hier bekommen Sie unseren besten Champagner mit einem Schuss Crème de Cassis."*

Y Empfehlen Sie den Gästen nicht routinemäßig nur Kaffee nach dem Essen, sondern auch Cocktails auf Kaffeebasis: *„Möchten Sie nach dem Essen noch eine unserer besonders beliebten Kaffeespezialitäten probieren? Unsere geeisten Kaffeegetränke sind genau der richtige Abschluss an so einem warmen Tag. Wie wäre es zum Beispiel mit unserem Kaffee Karamell? Das ist ein kühler Shake aus Mokka Cappuccino mit kleinen heißen Karamellstückchen und frischer Schlagsahne. Mein Lieblingsgetränk ist der geeiste Himbeer-Vanille-Latte, der schmeckt lecker."*

Y Wenn drei oder noch mehr Leute am Tisch den gleichen Softdrink bestellen, bieten Sie ihnen doch „Gemeinschaftsdrinks" im Pitcher an. Vielleicht so: *„Da Ihr alle die Cherry Coke gewählt habt, wollt Ihr vielleicht einmal unsere Cherry-Bombe probieren. Das ist Cherry Cola ‚im Eimer' mit Kirscheiswürfeln und einem Schuss Grenadine. Das macht besonders viel Spaß und den Supereimer gibt's sogar geschenkt."*

Tagesangebote

Einige weitere Tipps, wie Sie mehr Cocktails verkaufen können:

- Kreieren Sie „Drama-Drinks". Setzen Sie zum Beispiel Trockeneis ein (bitte nicht in den Drink!) und lustige Verzierungen wie Riesenstrohhalme oder große Fruchtstreifen.

- Verwenden Sie für diese Drinks besonders auffällige Gläser, in denen Sie die Getränke durch den Raum tragen. So können sie von allen Gästen gesehen werden.

- Machen Sie einen „Unsere-Gäste-und-ihre-Lieblingsrezepte-Wettbewerb", um Ihr Rezeptbuch mit neuen Ideen zu füllen. Bieten Sie dem Gewinner ein „Diplom" an und benennen Sie den Drink nach dem Gast. Legen Sie eine Gästekartei an (mit genauer Rezeptur, Herstellung, Glas, Dekoration und Preis) damit der Gast seinen Drink bekommt, auch wenn der Barchef mal nicht da ist.

31 Kleine Perlen

Tipps für den Champagnerverkauf

Ohne die feinen kleinen Perlen ist keine Feier so richtig gelungen. Champagner verkaufen versetzt alle in Festtagslaune, denn es handelt sich um ein schönes Produkt, das abgesehen davon noch eine recht gute Gewinnspanne aufweist. Zudem rechnen Gäste in festlicher Stimmung meist nicht so genau wie sonst.

Dennoch schrecken viele Betreiber davor zurück, größere Mengen Champagner zu bestellen, aus der Befürchtung heraus, dass er wie Blei im Regal liegt, bis Weihnachten oder Silvester vor der Tür steht. Dass Menschen Champagner nur zum Jahresende genießen, ist ein Vorurteil. Sie und ihr Team sollten das ganze Jahr über bereit sein, Champagner zu empfehlen – Sie wissen ja nie, wann ihren Gästen zum Feiern zumute ist.

Trainieren Sie Ihre Mitarbeiter, schon am Telefon Champagnerflaschen im Voraus zu verkaufen, wenn Gäste Reservierungen für besondere Anlässe machen: *„Sie möchten eine Reservierung für zehn Leute für eine Geburtstagsfeier? Das machen wir ausgesprochen gerne! Möchten Sie, dass wir zur Begrüßung Champagner kühl stellen, damit Sie die eintreffenden Gäste empfangen können? Für solche Anlässe haben wir einen exzellenten Blanc de blanc im Angebot."* Empfehlen Sie auch besondere Champagner- und Dessertkombinationen: *„Heute bieten wir Ihnen zu jedem Dessert ein Glas Champagner für nur 3 Euro."*

Für diejenigen Gäste, die noch fahren müssen oder keinen Alkohol trinken möchten, sollten Sie einen perlenden Cidre oder einen alkoholfreien Wein bereithalten: *„Vielleicht möchten Sie statt eines Kaffees ein Glas unseres leckeren alkoholfreien Weines probieren? Der belebt ebenso gut, aber man schläft besser!"* Übrigens lieben Kinder es, sich auch mit etwas Perlendem zuprosten zu können, sobald Erwachsene Sekt oder Champagner trinken. Bieten Sie ihnen kohlensäurehaltige Mischgetränke wie Apfelsaftschorle an, damit sie mit anstoßen können.

Eine weitere Möglichkeit sind Menüs in Kombination mit Champagner. Am beliebtesten ist der Brunch am Wochenende zum All-You-Can-Eat-Preis. Bieten Sie Ihren Gästen mit einem kleinen Aufpreis ein Glas Champagner zum ausgedehnten Frühstück an. Oder kombinieren Sie verschiedene Frühstücke mit bestimmten Getränken zu besonderen Angeboten. Seien Sie kreativ und finden Sie heraus, welche Kombinationen am besten zu Ihrem Betrieb passen.

Champagner präsentieren und servieren

Wiegen Sie die Flasche mit dem Etikett nach vorn auf dem Arm, während Sie sie zum Tisch bringen. Präsentieren Sie die Flasche dem Gastgeber und nennen Sie ihm den Namen des Champagners. Entfernen Sie die Folie vom Flaschenhals und legen Sie eine Serviette über den Korken. Packen Sie den Korken kräftig an und drehen Sie ihn unter leichtem Zug vom Körper weg heraus. Der Korken sollte ein kleines Ploppgeräusch verursachen, wenn er herausgeht (es gibt keine Formel-1-Feier ohne knallende Champagnerkorken). Halten Sie die Flasche an ihrer Basis, mit dem Daumen in der Bodendelle. Schenken Sie zunächst dem Gastgeber eine Daumenbreite zum Probieren ein. Wenn er seine Zustimmung gibt, schenken Sie den anderen Gästen, beginnend mit den Damen, ein. Gehen Sie im Uhrzeigersinn um den Tisch herum und schenken Sie in zwei Etappen ein: erst einen kleinen Schluck, dann auffüllen, um möglicht viel Kohlensäure zu erhalten. Zuletzt wird das Glas des Gastgebers gefüllt. Füllen Sie die Gläser nicht über zwei Drittel hinaus und berühren Sie beim Einschenken niemals mit dem Flaschenhals das Glas. Verhindern Sie das Tropfen, indem Sie eine leichte Dreh- und Zugbewegung mit der Flasche machen. Achten Sie bei großen Gesellschaften darauf, dass alle etwas aus der Flasche erhalten. Stellen Sie die Flasche abschließend in einen Eiskübel zur Rechten des Gastgebers ab. Lassen Sie die Serviette über dem oder um den Flaschenhals, so dass der Gastgeber die Flasche herausnehmen kann, ohne dass es tropft. Empfehlen Sie auf jeden Fall eine zweite Flasche!

(32) Setzen Sie noch einen oben drauf

Digestifs verkaufen

Digestifs oder After-Dinner-Cocktails bieten eine vielversprechende Verkaufsgelegenheit für Ihre Mitarbeiter. Sie sind einfach zu verkaufen, da viele Gäste sie entweder zu ihrem Dessert oder Café oder an deren Stelle genießen möchten. Der Nachteil an der Geschichte ist die große Bandbreite an Digestifs, die die Auswahl und Lagerhaltung für den Gastronomen erschweren. Wenn Sie die Waren im Lager haben, dann müssen Sie sie auch verkaufen, sonst haben sie eine teure „Dekoration". Folgende Tipps und Dialoge helfen beim Verkauf:

Y Zeigen Sie entweder auf ihrer Dessertkarte oder auf einem Tischaufsteller eine Liste von Dessertkombinationen mit Likör und Kaffee, so dass die Gäste sich schnell eine Übersicht verschaffen können. Stellen Sie sicher, dass Ihre Mitarbeiter diese Liste auswendig können und in der Lage sind, den Gästen mundwässernde Empfehlungen und Antworten auf alle Fragen zu geben.

Y Trainieren Sie Servicekräfte, immer einen After-Dinner-Drink anzubieten, bevor Kaffee vorgeschlagen wird. Zum Beispiel so: *„Zum Abschluss noch etwas Schönes? Wir führen Kahlua Latte, der schmeckt sehr lecker. Wir haben aber auch einen exzellenten Cognac und aromatische alte Portweine."*

Y Die Mitarbeiter sollten auch genauso selbstverständlich zum Digestif einen Kaffee anbieten: *„Möchten Sie einen Kaffee dazu?*

Vielleicht einen Espresso oder einen Cappuccino mit frisch aufge-
schäumter Milch?"

Y Vermitteln Sie Ihren Mitarbeitern, welche Drinks am besten zu welchen Kaffees und zu welchen Desserts passen. Halten Sie ein Training ab, bei dem die Mitarbeiter die verschiedenen Kombinationen zusammenstellen und verkosten können. Lassen Sie sie ihren Geschmackseindruck beschreiben und für Verkaufsdialoge nutzen. Zum Beispiel: *„Zu Ihrer Schokoladentorte würde ein Bailey's Irish Cream hervorragend passen – und unser Grand Marnier ist die perfekte Ergänzung zu dem Orangenkuchen."*

Y Mitarbeiter sollten immer aus dem Angebot das empfehlen, was ihnen selbst am besten schmeckt. Lassen Sie sie diese Vorlieben in den Dialog einbauen: *„Wenn ich mir etwas Besonderes gönnen möchte, nehme ich einen Amaretto-Kaffee zur Pecannuss-Torte mit Brandy-Eis. Aber wir haben auch eine Auswahl verschiedener Käsetorten."*

Y Ihre Mitarbeiter sollten besonders gut auf die Stimmung der Gäste achten, um sich die Empfehlungen leichter zu machen. Ein Paar, das angespannt am Tisch sitzt, während Streit wie graue Wolken über ihnen schwebt, wird wohl kaum nach dem Essen noch lange bleiben, um einen After-Dinner-Cocktail zu sich zu nehmen. Wenn jedoch offensichtlich gefeiert werden soll, bleibt man nach dem Essen gerne noch für einen „Absacker", um während der letzten Minuten im Restaurant bei einem Ramazotti oder Ähnlichem zu plaudern. Dies ist eine günstige Gelegenheit, Vorschläge zu machen: *„Sie haben etwas zu feiern? Wir haben ein tolles Dessert für zwei, ,Amorkuchen', es besteht aus hausgemachtem Biskuit, Erdbeeren, frischer Sahne und Schokoraspeln und am allerbesten schmeckt es mit einem Glas Cointreau auf Eis!"*

TIPP

Doppeltes Spiel

Trainieren Sie Ihre Mitarbeiter, den doppelten Zusatzverkauf zu versuchen, wenn sie Desserts und Digestifs empfehlen. Zum Beispiel: „Wie Sie unserer Karte entnehmen können, haben wir einige sehr leckere Likör- und Dessertkombinationen. Die hausgemachte Vanilleeiscreme schmeckt unwiderstehlich mit ein wenig Kahlua darüber!" Wenn ein Gast warmen Apfelkuchen bestellt, sollten Mitarbeiter nicht nur eine Kugel Vanilleeis anbieten, sondern auch einen Schuss Calvados zusätzlich zum Eis. Bestellt ein Gast frischen Fruchtsalat, kann man zusätzlich einen Schuss Grand Manier oder Rum empfehlen. Gäste, die nicht gleich einen After-Dinner-Drink bestellen, können dazu ermuntert werden, indem man elegant eine Aufwertung des einfachen Desserts anbietet.

33 Das Jugendschutzgesetz

Verantwortungsvoller Ausschank von Alkoholika

Es ist heute weit verbreitet, dass Jugendliche Alkohol trinken. Die Erwachsenen und die Medien vermitteln oft den Eindruck, dass Alkohol zu einem coolen Leben nun einmal dazugehört. Durch den Genuss von Alkohol fühlen sich Jugendliche erwachsen, der leichte Rausch erscheint ihnen harmlos und angenehm. Es sind weitaus mehr Kinder Alkoholiker, als wir wahrhaben wollen – oft ist der Einstieg zur Alkoholsucht das Austrinken der Reste aus den Gläsern der Erwachsenen.

Dass an allen Orten, an denen Alkohol ausgeschenkt wird, ein Auszug aus dem Gesetz zum Schutze der Jugend in der Öffentlichkeit ausgehängt werden muss, sollte dem Gastronom nicht als eine lästige Pflicht erscheinen, sondern eine stete Mahnung daran sein, dass Kinder und Jugendliche tatsächlich Schutz benötigen – manchmal auch vor sich selbst.

Kinder sind Jugendliche unter 14 Jahren, Jugendliche sind über 14, aber unter 18 Jahre alt. Gastronomen und Veranstalter müssen im Zweifelsfall das Alter von Gästen überprüfen, bei größeren Gruppen auch, ob sich ein Erziehungsberechtigter im Sinne des Gesetzes bei ihnen aufhält. Jugendlichen ab 16 Jahren ist der Aufenthalt in Gaststätten ohne Erziehungsberechtigten nur bis 24 Uhr gestattet. Abgesehen davon, dass es nicht erlaubt ist, Alkohol an Jugendliche auszuschenken, darf der Gastronom ihnen auch den Genuss von Alkoholika nicht gestatten. Dabei gilt nicht die Ausrede, den Alkohol habe man an einen Dritten ausgeschenkt. Wem dieser dann sein Getränk weiterreiche, könne man ja nun wirklich nicht im Auge behalten.

Stellen Sie sicher, dass alle Ihre Mitarbeiter die Vorschriften des Bundesjugendschutzgesetzes auswendig kennen. Sie müssen wissen, dass jeder Verstoß und jede Unaufmerksamkeit schwerwiegende Folgen haben kann – nicht nur für das betreffende Kind, den betreffenden Jugendlichen! Auch der Betreiber kann eine dauerhafte Rufschädigung erleiden, wenn es sich herumspricht, dass man „bei ihm alles bekommt".

Trainieren Sie im Rollenspiel, wie sich Ihre Mitarbeiter verhalten sollen, wenn der Verdacht besteht, dass Gäste minderjährig sind und gegen besseres Wissen versuchen, Alkoholika zu bestellen. Wie Ihre Mitarbeiter das Öffnen einer Weinflasche üben müssen, so müssen Sie sie auch darauf vorbereiten, im Zweifelsfall nach dem Personalausweis oder dem Führerschein zu fragen und dem Ergebnis entsprechend zu handeln. Besser einmal zu oft gefragt als einmal zu wenig.

Lassen Sie Ihre Mitarbeiter auf die Körpersprache junger Gäste achten und trainieren Sie sie darin, Ausreden als solche zu entlarven. „Hab ich vergessen!" ist keine Antwort auf die Frage nach einem Personalausweis. „Meine Mutter ist irgendwo da hinten und bestätigt Ihnen gleich, dass ich das trinken darf!" sollte Ihre Mitarbeiter zu nichts weiter bewegen, als die Bar für den Betreffenden geschlossen zu halten.

Es liegt in der Verantwortung des Betreibers einer Bar oder eines Restaurants, das Jugendschutzgesetz zu befolgen. Im schlimmsten Falle kann es ihn die Konzession kosten, wenn in seinem Betrieb unkontrolliert Alkohol an minderjährige Gäste ausgeschenkt wird. Das Verbot gilt übrigens auch für Besucher der Mitarbeiter! Sollten Ihre Mitarbeiter Besuch von Freunden oder Verwandten erhalten, ist das kein Freibrief für den Ausschank von Alkohol an Jugendliche.

New Kids on the Block

Die Körpersprache kann ein todsicherer Hinweis darauf sein, dass ein Jugendlicher gegen besseres Wissen versucht, an Alkoholika heranzukommen. Trainieren Sie Ihre Mitarbeiter, auf folgende Signale der Körpersprache von Jugendlichen zu achten:

Y Augen: Sie vermeiden den Augenkontakt, blicken auf den Boden oder lassen die Augen ziellos durch den Raum wandern.

Y Stimme: nervös und hoch; vielleicht betont und künstlich tief; manchmal aber auch albern und überlaut, um Selbstsicherheit zu demonstrieren.

Y Verhalten: überfreundlich; sie versuchen, unverdächtig, zu wirken, erkundigen sich nach Preisen. Manchmal müssen sie erst zusammenlegen, um den Preis aufzubieten oder wissen nicht, was sie bestellen sollen und entscheiden sich häufig für Drinks wie Daiquiris und Margaritas.

Kapitel

Die Gäste

Wie wird ein normales Restaurant, eine normale Bar zum In-Treff? Gar nicht! Ein Betrieb, der unter den heutigen Wettbewerbsbedingungen kontinuierlich brechend voll ist, kann nicht normal sein! Und trotzdem, mit einem effektiven Mix aus Marketing, gutem Service, optimalem Preis-Leistungs-Verhältnis sowie positiver Mundpropaganda können Sie diesem Ziel ganz nahe kommen.

Aber um die Location zu werden, an der Gäste sehen und gesehen werden wollen, muss man sich noch mehr Mühe geben als die Konkurrenz, die natürlich das gleiche Ziel hat. Effektives Marketing besteht eben nicht allein darin, regelmäßig eine Happy Hour mit zwei Drinks zum Preis von einem zu schalten. Für einen verantwortungsvollen Bar- oder Restaurantmanager ist Marketing eine tagtägliche Herausforderung – und eine einzigartige Verbindung von äußeren und inneren Kräften, die im besten Fall gemeinsam dazu beitragen, dass die Gäste in einem unablässigen Strom durch die Tür kommen. Gäste, die von Ihrem Betrieb einen bleibenden Eindruck behalten, kommen wieder und empfehlen Sie sogar weiter. Deshalb muss alles sorgfältig geplant werden.

Auf den folgenden Seiten finden Sie 17 Ideen, die Ihnen helfen, Ihren Platz im Marktgefüge abzuschätzen und einen Marketingplan zu entwickeln. Sie lernen, wirkungsvolle Point-of-Sale- und Promotionmaterialien zu entwickeln und diese Promotions mit Hilfe Ihrer Lieferanten und Mitarbeiter erfolgreich durchzuführen.

200 Aktien zu 38,70 ... drei Karten für „La Traviata"... ist das Auto für Herrn Schmidt schon fertig?

34 Marketing fängt innen an

Kreieren Sie eine Atmosphäre, die Gäste wieder kommen lässt – immer und immer wieder

Es gibt zahlreiche Marketingkonzepte, die Bars und Restaurants anwenden, um Gäste zu gewinnen: Radio- und Kinowerbung, teure Werbeveranstaltungen, große Banner vor der Tür. Aber ob die damit angelockten Gäste auch wieder kommen, hängt davon ab, wie gut sie Ihren Service empfinden.

Viele Betriebe vernachlässigen die Kunst des Service, weil sie viel zu beschäftigt sind, Geld, Zeit und Energie für externes Marketing zu investieren. Aber es ist die Servicequalität Ihrer Mitarbeiter – nicht Ihr externes Marketing –, welche über die Anzahl der wiederkehrenden Gäste entscheiden wird. Das Geld für Werbung und Anzeigen ist ganz einfach verschwendet, wenn die Gäste sich in einem Betrieb gleichgültigem oder unhöflichem „Service" ausgesetzt fühlen. Können Sie sich vorstellen, wie voll deren Beispielskiste dafür ist? Wenn ja, ist es ein Grund mehr, aufmerksam weiterzulesen. Vertreibt schlechter Service die Gäste, kann kein Werbeetat der Welt sie zurückholen.

Einen neuen Gast in einen Stammgast zu verwandeln (der 31-jährige Single, der niemals die Freitags-Happy-Hour verpasst, das Paar, das jeden Samstag bei Ihnen speist ...), verlagert den Fokus Ihres Bemühens auf das interne Marketing. Die Servicequalität entscheidet über Zufriedenheit oder Unzufriedenheit des Gastes, entscheidet darüber, ob er nach dem Essen noch bei einem Digestif verweilt oder sofort die Rechnung verlangt, entscheidet letztlich darüber, ob er gerne wieder kommt – und dabei sogar seine Freunde mitbringt. Trainieren Sie daher Ihre Mitarbeiter, für jeden Gast gerne einen Umweg in Kauf zu nehmen: jeden Gast mit einem Lächeln zu begrüßen, mit ihm zu reden, ihm den Stuhl zurechtzurücken und seinen Mantel aufzuhängen. Sie sollten die Namen der Gäste lernen und ihnen die kleinen Extras zukommen lassen, durch die sie sich wie ein König fühlen.

Setzen Sie Ihrer Belegschaft Ziele für das Lernen und Anwenden der Gästenamen für Vorabreservierungen. Setzen Sie ihnen Ziele für kleine Extraleistungen wie das Zeichnen eines Planes mit der Wegbeschreibung zum Kino, dem Herbeiholen von Malzeug und Block für Kinder oder einer Vase, wenn Gäste mit einem Blumenstrauß kommen. Ihre Mitarbeiter haben daran ebenso viel zu gewinnen wie die Gäste (und Sie!). Denn zufriedene Gäste verursachen keine zeitaufwändigen Reklamationen und hinterlassen üppigeres Trinkgeld.

Im besten Fall entsteht folgender Kreislauf: Der Gast fühlt sich vom Servicemitarbeiter ausgezeichnet bedient und entscheidet sich, wieder zu kommen. Wenn er wieder kommt, ist er entspannt, denn er geht davon aus, dass er erneut gut und aufmerksam bedient wird. Er kommt blendend gelaunt durch die Tür und macht es dem Servicemitarbeiter damit viel leichter, freundlich und zuvorkommend zu sein, einen angenehmen Dialog zu beginnen und erfolgreich zu empfehlen. Dies wiederum empfindet der Gast als guten Service, der seinen positiven ersten Eindruck bestätigt und bekräftigt. Gäste, die einen solchen Eindruck von einem Betrieb haben, werden im Fall, dass doch einmal etwas schief geht, viel gelassener reagieren und nicht gleich nach dem Geschäftsführer verlangen. Sie verbuchen ein Missgeschick unter „Servicekräfte sind auch nur Menschen" und geben dem Betrieb eine weitere Chance.

Vorbild sein

Ihre Mitarbeiter werden so viel oder so wenig von diesen Ratschlägen beherzigen wie Sie ihnen vorleben. Deshalb müssen Sie mit gutem Beispiel vorangehen. Zeigen Sie Präsenz, begrüßen auch Sie Ihre Gäste und hängen Ihre Mäntel auf. Machen Sie Vorschläge zu Speisen und Getränken und schließen Sie Zusatzverkäufe ab – genau so, wie Sie es von Ihren Mitarbeitern erwarten. Ihre Mitarbeiter nehmen das sehr wohl zur Kenntnis und lernen, Ihrem Beispiel zu folgen. Setzen auch Sie sich für jede Schicht Miniziele für den Verkauf. Diese können sehr einfach sein, beispielsweise die Namen zweier Gäste in Erfahrung zu bringen und sie zu lernen, indem Sie nach ihren Visitenkarten fragen. Überreichen Sie Ihren Gästen ebenfalls eine Visitenkarte mit einem (handgeschriebenen!) Dank für Ihren Besuch.

Mein Chef sagt, ich soll Sie richtig kennen lernen ...

35 Risikominimierung

Entwurf eines Marketingplanes

Warum das Risiko eingehen, dass Ihre Marketinganstrengungen fehlschlagen? Wenn Sie einen Plan erstellen, der alle Ihre Marketingaktivitäten integriert und Ihr gesamtes Unternehmen auf ein einziges Ziel ausrichtet, gehen Sie kein Risiko ein. Sie geben Ihrem Unternehmen eine feste Bahn vor, indem Sie einen sicheren und planorientierten Rahmen entwerfen. Sie können das Potenzial Ihres Unternehmens auf dem Markt abschätzen, wenn Sie zum einen Ihr eigenes Unternehmen, zum anderen Ihre Konkurrenz analysieren. Sie können Ihre Prioritäten in die richtige Reihenfolge setzen, Verantwortung übertragen und Deadlines bestimmen, während Sie sich gleichzeitig von allen vagen Vermutungen verabschieden. Auf lange Sicht liegen Sie ganz vorn im Rennen, vielleicht sogar an der Spitze.

Ein effektives Marketingkonzept kann man nur mit einem großen Aufwand planerischer Vorarbeit leisten. Hier sind einige der Fragen aufgelistet, auf die Sie eine Antwort haben sollten, bevor Sie mit der Planung beginnen:

🍸 Wie sieht die von mir anvisierte Zielgruppe aus?

🍸 Welche Bedürfnisse haben meine Gäste?

🍸 Was sind die grundlegenden Stärken meines Betriebes?

🍸 Wer sind meine Konkurrenten?

🍸 Wie effektiv sind meine jetzigen Marketingaktivitäten?

Y Habe ich die finanziellen Mittel und die Arbeitskräfte, die ich für die Umsetzung meiner Marketingmaßnahmen benötige?

Haben Sie die Antworten auf diese Fragen, können Sie mit der Planung beginnen. Im Folgenden finden Sie einen Vorschlag, wie man in sieben grundlegenden Schritten ein Marketingkonzept entwickelt:

1. Marktanalyse: Finden Sie genau heraus, wie Ihre Gäste Ihr Unternehmen einschätzen.

2. Nutzen Sie diese Information, um die Stärken und Schwächen Ihres Betriebes zu definieren. Bleiben Sie dabei sich selbst gegenüber ehrlich!

3. Was sind die speziellen Ziele Ihres Unternehmens? Möchten Sie die Anzahl der Gäste erhöhen? Ihre Umsatzrendite steigern? Mehr Stammgäste gewinnen, weil Sie zu viele Gäste nur einmal sehen und dann nicht wieder? Den Durchschnittsumsatz steigern?

4. Teilen Sie diese Ziele in kurz-, mittel- und langfristige Ziele ein.

5. Entwickeln Sie daraus einen Marketingplan. Zuerst konzeptionalisieren Sie ihn, dann brechen Sie ihn in einzelne Schritte und Aufgaben herunter.

6. Mit einer Richtlinie von Aufgaben für jedes Maßnahmenpaket können Sie Ihr Budget und die Zeiteinteilung ausarbeiten. Beginnen Sie, Ihren Mitarbeitern Verantwortung zu übertragen.

7. Bewerten Sie die Resultate, sobald die Maßnahmen durchgeführt sind. Waren sie erfolgreich? Haben sich die Investitionen ausgezahlt? Lohnt es sich, diese Maßnahmen im nächsten Jahr zu wiederholen? Welche Verbesserungen und Ergänzungen sollten Sie vornehmen?

TIPP

Was ist schief gelaufen?

Sollten Sie Punkt 7 mit „Nein" beantworten, können dies die Gründe dafür sein:

Y Eine unzureichende Marktanalyse. Haben Sie Ihre Untersuchung gründlich durchgeführt?

Y Unrealistische Ziele. Haben Sie zu viele Ziele auf einmal angepeilt? Haben Sie die Ziele nicht klar genug definiert oder Sie für die Mitarbeiter nicht genügend vereinfacht und erklärt (siehe S. 67 „Verkaufsdenken")?

Y Haben Sie die Ressourcen Ihres Betriebes überschätzt? Haben Sie Ihre Mitarbeiter oder das Budget zu stark strapaziert?

Y War Ihre Werbung ineffektiv? Eine Werbekampagne auszuwählen, weil sie *Ihnen* gefällt, heißt nicht, eine Kampagne zu wählen, die auch Ihren Gästen gefällt! Haben Sie eine Form der Promotion gewählt, die zwar ausgezeichnet ist, nur leider nicht zu Ihrer Zielgruppe passt?

Y Schlechte interne Kommunikation. Geben Sie die Richtung an, nutzen Sie Mitarbeiterschulungen, trainieren Sie und informieren Sie Ihre Mitarbeiter. Ohne die *Mitarbeit* Ihrer *Mitarbeiter* funktioniert es nicht!

36 Botschaft verstanden?

Effektive Marketingmaterialien gestalten

Gut gestaltete Point-of-Sale- und Marketingmaterialien sind für den Erfolg Ihres Betriebes ebenso wichtig wie gut trainierte Mitarbeiter. Tatsächlich geht beides Hand in Hand. Sie bringen Ihre Gäste dazu, Ihre Events zu besuchen, einen weiteren Drink zu bestellen oder eine neue Dessertkombination mit Likör auszuprobieren. Wenn Sie nun Ihre Mitarbeiter trainiert haben, effektiv zu verkaufen, sollten Sie ihnen auch alle dazu notwendigen Hilfsmaterialien in die Hand geben.

Die Gestaltung solcher Verkaufs- und Werbematerialien ist Gegenstand zahlreicher Trainingsbücher und Schulungsvideos sowie vieler Fortbildungsprogramme in Marketingakademien und Kunstschulen. Aber das heißt nicht, dass Sie künftig unbedingt einen ausgebildeten Grafiker benötigen, um Ihr nächstes Plakat oder einen Flyer zu produzieren. Es gibt einige grundlegende Prinzipien, mit denen man aus den selbst hergestellten Materialien den größten Nutzen zieht.

Ob es sich um einseitige Wurfsendungen, Einladungsposter, Coupons, Tischaufsteller oder Flyer handelt, jedes Design muss drei Basisregeln befolgen:

1. Es muss die Aufmerksamkeit auf sich lenken.

2. Es muss seine Botschaft übermitteln.

3. Es muss den Leser/Betrachter zum Handeln bewegen.

Wenn Ihre Werbung nicht alle drei Punkte abdeckt, verschwenden Sie nicht nur Geld, Zeit und Anstrengung – Sie haben auch eine Chance verpasst, Ihre Kunden anzusprechen.

1. Es muss die Aufmerksamkeit auf sich lenken: Seien Sie dramatisch! Für einen maximalen Effekt nutzen Sie am besten Farben, dicke Schriftzüge, Fotografien, Illustrationen und auffallende Schrifttypen. Aber glauben Sie nicht, jeden Quadratmillimeter füllen zu müssen. Denken Sie daran, dass der freie Platz auf einer Seite den Blick zur Informationen lenken kann.

2. Die Botschaft muss herüberkommen: Stellen Sie sicher, dass Ihr Entwurf alle folgenden Fragen beantwortet: Was ist es (ein einmaliges Ereignis, eine Serie oder ein spezielles Angebot)? Wann ist es (das Datum des Ereignisses oder die Gültigkeitsdauer eines Coupons)? Wie viel kostet es? An wen richtet es sich – an jeden oder nur an Vorbesteller? Wo findet es statt? Gibt es besondere Einschränkungen oder Voraussetzungen?

3. Es muss den Leser/Betrachter zum Handeln bewegen: Das ist weniger eine Aufgabe des Werbemittels als des eigentlichen Angebotes. Aber wenn die Gestaltung das Besondere einer Veranstaltung oder eines Angebotes nicht herausstreicht oder nicht verständlich macht, übermittelt es seine Botschaft unvollständig.

Gratis für alle

Wenn Sie eine Anzeige sehen, was motiviert Sie am meisten zum Handeln?

1. Kaufen Sie eines zu 9,99 Euro und Sie erhalten ein weiteres für 1 Cent!

2. Kaufen Sie zwei und Sie erhalten 50 % Rabatt.

3. Kaufen Sie eines und Sie erhalten das zweite umsonst.

Obwohl diese drei Beispiele fast identische Aussagen machen, erzielt das dritte Beispiel eine bis zu 40 % höhere Resonanz.

Das muss doch ins Auge springen!

37 Eine sichere Sache

Marketingideen und Werbestrategien von anderen abgucken

Betreiber von Bars und Restaurants leiden unter notorischer Arbeitsüberlastung. Wer hat da noch Zeit, über effektive Marketingstrategien zu brüten? Viele von Ihnen haben außerdem schon oft genug erlebt, wie eine Werbeaktion floppte oder zumindest mit einem Plus-minus-null-Ergebnis frustrierte.

Aber wenn Sie in der Gastronomie überleben wollen, müssen Sie Gäste in Ihren Betrieb locken. Warum also nicht ein anderes Unternehmen die Höhen und Tiefen einer Werbemaßnahme durchleben (beziehungsweise -leiden) lassen und für den eigenen Betrieb nur die Rosinen der Aktion herauspicken? Wenn sich eine Marketingidee erst einmal für einen Konkurrenten als wirksam erwiesen hat, greifen Sie die Idee einfach auf, verbessern sie, schneiden sie auf Ihren Betrieb zu und schon haben Sie eine recht sichere Sache laufen.

Lassen Sie keinen Stein ungewendet. Beschränken Sie Ihre Suche nicht nur auf die Gastronomie. In allen Branchen entwickeln Dienstleister effektive Marketingstrategien. Verfolgen Sie aufmerksam, was Lebensmittelhändler, Frisiersalons, Autohändler oder Makler unternehmen. Ein Möbelgeschäft in Denver schaltete einmal folgende Werbung vor Halloween: „Kaufen Sie Ihre Möbel jetzt – schneit es an Halloween, müssen Sie NICHTS zahlen!" Die Leute zückten die Kreditkarten wie nie zuvor – obwohl die Wetterberichte warmes und sonniges Wetter vorhergesagt hatten.

Diese Werbung nahmen aufgrund ihrer Originalität sogar die Lokal-nachrichten auf. Nichts rechnet sich so gut wie die kostenlose Publicity, die Kunden in Ihren Betrieb lockt. Ein anderes Beispiel aus Deutschland war aus einer plötzlichen Not geboren und brachte durchschlagenden Erfolg: Vor einem Restaurant an einer viel befahre-nen Straße entstand aufgrund eines Wasserschadens ein Stau, die Leute schwitzen in ihren Wagen und wurden zunehmend aggressiv. Der Manager des Restaurants beschloss spontan, die Leute gratis mit Getränken zu versorgen. Natürlich kostete ihn das eine Stange Geld, aber er wurde mit Berichten in den Fernsehnachrichten und Zeitun-gen belohnt – Werbezeit, die er niemals hätte bezahlen können. Und die betroffenen Autofahrer verbreiteten dieses Ereignis per Mund-propaganda in der gesamten Region. Wie nachhaltig wirksam dieser spontane Einfall war, sehen Sie auch daran, dass er Ihnen hier noch nach Jahren berichtet wird.

Würden derartige Ideen für Sie funktionieren? Das können nur Sie entscheiden, aber denken Sie daran, dass der befriedigendste Rein-gewinn solchen Werbeaktionen entspringt, für die Sie den geringsten Einsatz leisten mussten.

Nur weil Sie eine andernorts erfolgreiche Idee „geborgt" haben, heißt das noch nicht, dass Sie ihnen frei Haus geliefert wird. Sie müssen diese Idee in die Tat umsetzen und anwenden. Zunächst müs-sen Sie Ihre Ziele definieren. Was möchten Sie konkret erreichen? „Ich möchte den Umsatz erhöhen!" ist vielleicht ein wenig zu weit gefasst. „Ich möchte die Umsätze der Bar während der Mittagszeit erhöhen!" ist dagegen ein klar definiertes Ziel, das Ihnen erleichtert, die dafür notwenigen Schritte und Zwischenziele zu bestimmen. Wie gesagt, wenn Sie nicht wissen, wohin Sie wollen, wie sollen Sie dann dorthin gelangen?

Sie kommen nicht genügend herum?

Versichern Sie sich der Hilfe Ihrer Mitarbeiter bei der Suche nach neuen Marketingideen. Wie viele Mitarbeiter haben Sie – 10, 20, 30 oder 40? Jeder von ihnen besucht in seiner Freizeit andere Bars, Restaurants und Geschäfte, die ebenfalls werben. Wenn Sie Ihre Mitarbeiter dazu motivieren, halten sie dabei die Augen nach Erfolg versprechenden Werbeideen auf. Überlegen Sie sich Belohnungen für Mitarbeiter, die auch in ihrer Freizeit manchmal an ihren Arbeitsplatz denken. Eine kleine Anerkennung für eine aufgeschnappte Idee, die man erfolgreich einsetzen kann, ist ein geringer Preis für ein effektives Marketing.

Darf ich vorstellen: mein Vater, meine Tante, meine Freundin ...

38 Insidergeschäfte

Die Marketingaktivitäten personell besetzen

Wenn es um das Marketing Ihres Betriebes geht, was fällt Ihnen spontan dazu ein? Vielleicht die Werbeaktion, die Sie gerade durchführen? Der monatliche Wettbewerb, den Sie so erfolgreich eingeführt haben? Die geschmackvollen Einladungen, die Sie für die vergangenen Weihnachtsfeiertage verschickten? Sie!

Es bedeutet eine Menge Stress, derjenige zu sein, der dafür verantwortlich ist, dass die Gäste kommen. Vielleicht ist es eine gute Nachricht, dass Sie diese Last nicht allein tragen müssen. Jeder Mitarbeiter hat einen Anteil am Erfolg des Unternehmens. Schließlich haben auch Ihre Servicekräfte ein berechtigtes Interesse an einem gut besuchten Lokal, oder? Es macht auch ihnen mehr Spaß, wenn sich die Leute durch die Tür drängen und in Zweierreihen an der Bar stehen. Steigt nicht das Trinkgeld mit dem Umsatz?

Keine Frage also, dass Sie Ihre Mitarbeiter in alle Marketingaktivitäten miteinbeziehen sollten. Das heißt für Ihre Mitarbeiter natürlich nicht: „Rein in die Kostüme und raus aus der Tür, um Flyer an Passanten zu verteilen." Es heißt vielmehr, dass sie sich Ihren Bemühungen um mehr Gäste anschließen müssen. Aber wie erreichen Sie das? Berufen Sie ein Meeting ein und fragen Sie jeden danach, welchen Beitrag er zu einer wundersamen Gästevermehrung leisten kann und mag. Zeigen Sie die verschiedenen Gebiete auf, in denen sich Ihre Mitarbeiter einbringen können.

Y **Neue Gäste gewinnen:** Führen Sie ein Incentive für Ihre Mitarbeiter ein, die ihre Freunde und Familien zu einem Besuch Ihres Betriebes anregen. Für jeden mitgebrachten Gast erhält der verantwortliche Mitarbeiter die Möglichkeit, an einer Tombola am Ende des Monats teilzunehmen.

Y **Die Besuchsfrequenz Ihrer Gäste steigern:** Was können Ihre Mitarbeiter tun, damit Gäste, die bisher einmal im Monat kommen, zukünftig zweimal im Monat Ihren Betrieb besuchen? Die Gäste einladen! Das hört sich einfach an, gehört aber zu den meist verpassten Gelegenheiten in der Gastronomie. Privat verabschieden Sie Gäste auch mit: „Kommt doch bald wieder!" oder „Das müssen wir bald wiederholen!" Bestehen Sie darauf, dass Ihre Mitarbeiter allen Gästen beim Gehen danken und sie, wenn möglich unter Nennung des Namens, zu einem erneuten Besuch einladen: *„Vielen Dank, Herr Koch, und kommen Sie bald wieder zu uns."*

Y **Erstmalige Gäste zum Wiederkommen bewegen:** Geben Sie Ihren Mitarbeitern die Gelegenheit, erstmalige Gäste auf Wolken zu betten. Lassen Sie beispielsweise gratis kleine Appetizer reichen, wenn Gäste auf die Frage: „Sind Sie zum ersten Mal bei uns zu Gast?" mit „Ja" antworten. Sie sollten eine möglichst ausführliche Übersicht über Ihr Angebot erhalten und mit den Besonderheiten Ihres Betriebes vertraut gemacht werden.

Die Einbeziehung Ihrer Mitarbeiter in die Marketingaktivitäten trägt nicht nur dazu bei, dass sie sich mit eigenen Ideen persönlich einbringen, sondern steigert auch insgesamt die Identifikation der Belegschaft mit dem Unternehmen. Wenn Sie es ehrlich meinen mit diesem Ansatz, stehen die Chancen gut, dass Ihre Mitarbeiter ebenso ehrlich in ihren Bemühungen sein werden.

Feld der Träume

Wahrscheinlich geht es Ihnen wie den Betreibern vieler anderer Gastronomiebetriebe: Einige Studenten bessern sich das BAföG mit Kellnern auf und sehen darin nicht gerade eine große (geistige) Herausforderung. Finden Sie heraus, was Ihre Mitarbeiter studieren. Sie haben mit Sicherheit Talente und Kenntnisse, die weit über das hinausgehen, was sie bisher für Ihre Arbeit bei Ihnen einsetzen. Vielleicht können sie ihre theoretischen Kenntnisse bei Ihnen praktisch umsetzen. Zum Beispiel kann Ihnen ein Betriebswirtschaftsstudent bei der Marktanalyse oder der Evaluierung Ihres Betriebes zur Seite stehen, eine Designstudentin bei der Planung Ihrer Flyer, eine PR-Studentin bei der Ausarbeitung neuer Werbestrategien. Oder Sie lassen einen Musikstudenten seine Kontakte nutzen und Bands für Live-Auftritte engagieren oder spezielle Musiktapes zusammenstellen, die Ihrem Betrieb einen einzigartigen Sound verleihen. Studenten stellen darüber hinaus in vielen Städten ein großes Gästepotenzial dar – wer außer Ihren studentischen Mitarbeitern könnte Ihnen besser sagen, ob Sie mit Ihrem Konzept auch diese Zielgruppe ansprechen?

39 Partnersuche

Beziehen Sie Ihre Händler und Lieferanten in Ihr Marketing mit ein

Um ihre neuen Produkte wirksam auf dem Markt zu platzieren, müssen die Hersteller die Endverbraucher erreichen – und Ihr Betrieb ist voll von ihnen. Sie können also davon ausgehen, dass Hersteller und Lieferanten Ihnen bei Ihren Marketinganstrengungen behilflich sein wollen, immerhin steigert Ihr Marketing den Verkauf ihrer Produkte. Sie sollten daher nicht passiv auf diese Hilfe warten, sondern sie gegebenenfalls einfordern. Vermutlich werden sich die Lieferanten über Ihren Wunsch nach Zusammenarbeit sogar freuen, denn Ihr gesteigerter Umsatz ist auch deren gesteigerter Umsatz.

Denken Sie aber immer daran, dass Ihre Gäste Ihr wichtigster Aktivposten sind und achten Sie darauf, dass jede Werbeveranstaltung, die Ihr Lieferant für Ihren Betrieb vorschlägt, Ihren Gästen gefällt. Riskieren Sie es nicht, Ihre Stammkunden durch Veranstaltungen zu verunsichern, die für Sie völlig untypisch sind und somit an Ihren Gästen vorbeizielen. Hier einige Aspekte, die Sie stets beherzigen sollten:

- Y **Neue Gäste:** Werbeveranstaltungen sollten nicht allein Kunden für ein Produkt gewinnen, sondern ebenso Gäste für Sie. Bestehen Sie darauf, dass sich der Hersteller um alles kümmert, was mit der Veranstaltung zu tun hat und was nötig ist, die neuen Gäste hereinzuholen. Ihr Jahresumsatz ist kein Vergleich zum Werbeetat Ihres Lieferanten. Warum sich nicht eine Scheibe davon abschneiden und ein bisschen kostenlose Werbung für

Ihren Betrieb „mitnehmen"? Vorab sollten Sie aber alle Marketingmaterialien prüfen und sich (begründete) Einsprüche vorbehalten können, um nachteilige Auswirkungen auf Ihren Betrieb zu verhindern. Wenn erst einmal Ihr Name auf den Postern, Tischaufstellern und Flyern steht, ist es zu spät!

Mitarbeitertraining: Das Ziel der Hersteller ist es, durch effektive Werbeveranstaltungen Menschen dazu zu bringen, ihre Produkte immer und immer wieder zu kaufen. Um dies zu erreichen, sind sie auf die aktive Hilfe Ihrer Mitarbeiter angewiesen. Hierbei kann Sie Ihr Lieferant am meisten unterstützen. Laden Sie ihn zu einem Ihrer Meetings ein, damit er Ihren Mitarbeitern die nötigen Produktkenntnisse vermittelt und alle Möglichkeiten für Zusatzverkäufe mit seinen Produkten aufzeigt. Erklären Sie dem Hersteller, dass Ihre Mitarbeiter während des Trainings gerne mit Beispiel- und Arbeitsmaterial üben, dass sich allein aus seinem Produkt speist – solange die Basis des Trainings darauf abzielt, mehr aus der *gesamten Produktkategorie* zu verkaufen. Immerhin: Je mehr Ihre Servicemitarbeiter und Barkeeper von dieser Produktkategorie verkaufen, desto mehr verkaufen Sie auch von dem speziellen Produkt des Anbieters, für das er werben möchte.

Arbeitskräfte: Ihre leitenden Angestellten haben ohnehin alle Hände voll zu tun. Sie möchten gewiss nicht, dass sie auch noch damit beschäftigt sind, die Werbeveranstaltungen Ihrer Lieferanten auszurichten. Bestehen Sie darauf, dass dieser für die nötigen Arbeitskräfte sorgt, um die Veranstaltung ohne besonderen personellen Aufwand Ihrerseits über die Bühne zu bringen.

Wer gewinnt?

Viel zu oft vergessen die Hersteller und Lieferanten, worum es bei Promotionaktionen im Grunde geht. Sie benötigen keinen Plunder und Ihre Gäste auch nicht. Sie wollen eine höhere Gästefrequenz. Ihre Gäste wollen eine tolle Erfahrung und Spaß zu einem fairen Preis. Sicher, wenn Sie den Gästen ein bedrucktes Werbe-T-Shirt schenken oder einen Schlüsselanhänger, dann probieren sie vielleicht ein neues Bier, aber beim nächsten Besuch trinken sie mit Sicherheit wieder ihr Stammbier – und Ihr Betrieb hat auch keinen neuen Gast gewonnen. Wer hat hier profitiert? Der Repräsentant des Herstellers hat für diesen Monat seine Quote erreicht, aber keinen Langzeitkunden für sein Produkt gewonnen. Schlecht konzipierte Promotionaktionen bringen niemanden weiter.

Das müsste klappen!

40 Mix and Match

Koordinieren Sie Ihre Marketingmaterialien

Montagmorgen und Ihr Radiowecker plärrt los. Ein Radiosprecher posaunt mit munterer Stimme das Angebot der Dienstagabend-Happy-Hour einer Ihnen bekannten Bar heraus. Sie treten vor die Tür, holen die Zeitung und schon springt Ihnen die Anzeige für das gleiche Angebot ins Auge. Dieselbe Botschaft schleicht sich als Flyer mit der Post herein und auf dem Bus, der Sie zur Arbeit fährt, steht's auch: selber Ort, selbe Zeit, selbes Angebot. Am Dienstagabend hören Sie sich sagen: „Hey, lass uns bei der Bar Halt machen und ein Bierchen zischen!" Sie schnappen sich Ihre Kundenkarte dieses Betriebes und sind schon auf dem Weg dorthin. Der Laden ist gerammelt voll.

Warum sind Sie dorthin gegangen? Lag es am Radiospot, der Zeitungsanzeige, dem Plakat auf dem Bus? Der Kundenkarte mit dem Bonusgetränk? Oder lag es an dem Angebot generell? Ja. Und nein. Jedes dieser Medien, kunstgerecht eingesetzt und mit einem verlockenden Angebot verbunden, würde bereits Reaktionen hervorrufen. Aber erst alle Elemente, zusammengenommen und gut aufeinander abgestimmt, können mit demselben Angebot eine enorme Reaktion auslösen.

So kann es auch Ihrem Betrieb widerfahren! Ob Sie nun eine Marketingstrategie für ein einziges Event planen (zum Beispiel einen Osterbrunch) oder die Werbekampagne für das gesamte Jahr, denken Sie vernetzend. Entscheiden Sie sich für den speziellen Markt, den Sie anvisieren, und werden Sie kreativ, wenn es darum geht, wie sie diesen Markt ansprechen möchten.

Wenn Sie beispielsweise ein außergewöhnliches Wein- und Käsefest veranstalten möchten, sollten Sie mit Ihrer Datenbank beginnen – Ihre besten Gäste sollten hier mit Ihren Speise- und Getränkevorlieben gespeichert sein. Suchen Sie dann nach örtlichen Gourmetclubs und Weinliebhabern. Fragen Sie sie nach deren Mitgliederverzeichnissen. Beziehen Sie einen Wohltätigkeitsverein mit ein und spenden Sie einen Prozentsatz der Einnahmen im Tausch gegen die Mitgliederliste. Lassen Sie Flyer an Windschutzscheiben verteilen, wenn ähnliche Veranstaltungen andernorts stattfinden, auch auf den Parkplätzen Ihrer Konkurrenten.

Suchen Sie nach innovativen Möglichkeiten, die Massenmedien in Ihren Marketingmix miteinzubeziehen. Schalten Sie eine Anzeige in einem Theaterprogramm oder unter die Gourmetanzeigen Ihrer Lokalzeitung. Suchen Sie sich eine Radiostation, die dieselbe Zielgruppe hat wie Sie. Ob es sich dabei um einen lokalen Sender mit Schlagerprogramm handelt oder um eine Station, die sich auf Rockmusik spezialisiert hat, hängt von dem geplanten Ereignis ab. Kinowerbung ist auch ein geeignetes Mittel, auf sich aufmerksam zu machen, besonders Jugendliche erreicht man damit gut.

Dann legen Sie einfach los! Wie? Halten Sie zunächst alles schriftlich fest, auf dem Papier kann man noch durchstreichen, einfügen und austauschen. Beginnen Sie beim Jahresanfang und planen Sie monatsweise, was Sie in den zwölf Monaten des Jahres erreichen möchten. Beziehen Sie größere Events, die sich immer wiederholenden Marketingstrategien sowie alle Zwischenschritte, die zum Erreichen des Zieles nötig sind, mit ein. Setzen Sie sich vor allem Deadlines!

Den Anfang gebacken bekommen

Halten Sie alle Gründe schriftlich fest, warum Sie werben möchten und müssen – da kommt schon eine ganze Menge zusammen!

Y Sie müssen Ihre Ziele ganz klar definieren: „Die Gewinne an der Bar um 10 % steigern." „Ein tägliches Minimum von 25 Weinflaschen verkaufen." „Während der Happy Hour 12 % mehr Gäste haben."

Y Budgetieren Sie: Stellen Sie sich vor der Kampagne folgende Fragen: „Wie viel muss ich verkaufen, um die Kosten der Kampagne zu decken, wie viel, um Gewinn dabei zu machen?" Streben Sie einen Return on Investment von zehn zu eins an. Mit anderen Worten: An jedem Euro, den Sie ausgeben, sollten sie 10 Euro verdienen.

Y Testen Sie, bevor Sie langfristige Entscheidungen treffen. Bevor Sie einen Jahresvertrag mit einer Radiostation oder einer Zeitung abschließen, sollten Sie diese zumindest in einer Kampagne getestet haben.

Y Am Ende messen Sie nach: Jede von Ihnen durchgeführte Kampagne sollte, was Ihren Gewinn betrifft, messbar sein, damit Sie das nächste Mal gewinnträchtige Entscheidungen treffen können.

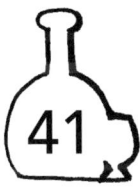

41 Vermarkten Sie den Kalender

Kampagnen für alle Jahreszeiten

Ringen Sie mit sich um eine zündende Idee für Ihre nächste Bar-promotion? Greifen Sie nach Ihrem Kalender. Jeder Monat des Jahres bietet gleich mehrere Anlässe zum Feiern. Suchen Sie sich einfach ein oder zwei Anlässe pro Monat heraus, die am besten zu Ihrem Betrieb passen – und stimmen Sie sich auf sie ein, indem Sie Ihre besonderen Angebote, Wettbewerbe und Feiern planen.

Die folgende Liste versorgt Sie mit einem prall gefüllten Kalender an Ideen, wie man die Jahreszeiten mit ihren Feiertagen, Urlaubs-terminen und Stimmungen für sich werben lassen kann:

- Januar: Neujahr, Heilige Drei Könige

- Februar: Valentinstag, Rosenmontag, Fastnacht und Ascher-mittwoch, Chinesisches Neujahrsfest

- März: St. Patrick's Day, Frühlingsanfang, Beginn der Sommerzeit, eventuell Ostern

- April: 1. April, eventuell Ostern, Rückkehr der Schwalben, letzter „R-Monat" (Muscheln!)

- Mai: 1. Mai, Muttertag, Spargelzeit, endlich Erdbeeren ...

- Juni: Sommeranfang, Christi Himmelfahrt (Vatertag), Johannistag

- Juli: Sommerferien, erste frische Pflaumen

- August: Sommerhöhepunkt, Picknickmonat, Grillsaison

- September: Herbstbeginn, Erntedankfest, Beginn der Muschelsaison, Traubenlese

- Oktober: Tag der Deutschen Einheit, Herbstferien, Halloween, Ende der Sommerzeit

- November: Thanksgiving Day, frisches Wild

- Dezember: Winteranfang, Advent, Weihnachten, Silvester

TIPP

Stimmungsvoll

Seinen Sie kreativ bei Ihren Veranstaltungen. Den Valentinstag kann jeder feiern, aber wer macht schon ein richtiges Erntedankfest? Der Betreiber eines amerikanischen Restaurants hat den „Boxing Day" am 26. Dezember zum Anlass genommen, möglichst bald nach Weihnachten weiterzufeiern und hat für seine Gäste an diesem Tag eine Veranstaltung zum Thema „Feste und Feiern rund um den Globus" durchgeführt. Bei seinen Recherchen dazu stellte er fest, dass der „Boxing Day" auf mittelalterliche Traditionen zurückgeht, als die Grundherren Ihren Bediensteten nach Weihnachten einen Tag freigaben. Sie verschenkten kleine Geschenke, Nahrung und Kleidung.

Besinnen Sie sich auf europäische Traditionen: Feiern Sie ein Erntedankfest, an das sich Gäste noch lange gerne erinnern. Gibt es bei Ihnen einen lokalen Feiertag wie den Gründungstag des örtlichen Gardevereins, ein Jubiläum, den Pokalgewinn eines örtlichen Sportvereins oder den Geburtstag einer berühmten Persönlichkeit, die in Ihrer Stadt geboren wurde? Gehen Sie mit offenen Augen durch das Jahr und halten Sie verpasste Gelegenheiten auf jeden Fall für das nächste Jahr fest – scheuen Sie sich auch nicht davor, selbst Traditionen zu begründen.

42 Don't worry be happy

Eine profitable Happy Hour

Überall freuen sich Gäste darauf, in angenehmer Atmosphäre beim Genuss eines Bieres den Alltag hinunterzuspülen. Jedermann liebt die Happy Hour – alle, außer dem Betreiber der Bar. Der Wettbewerb ist in den letzten Jahren zunehmend härter geworden und immer mehr Gastronomen müssen um Happy-Hour-Gäste kämpfen. Das zwingt sie zu immer günstigeren Angeboten, um die Konkurrenz zu unterbieten.

Natürlich möchten Sie, dass Ihre Bar *der* In-Treff ist, von dem sich die Leute nach der Arbeit magisch angezogen fühlen, um ein wenig zu relaxen. Je mehr Sie jedoch die Preise senken, um diese Gäste anzulocken, desto eindringlicher stellt sich die Frage, ob die Masse dieser Gäste reicht, um den geringeren Gewinn auffangen zu können.

Keine Sorge: Ihre Happy-Hour-Veranstaltungen können so profitabel sein, wie Sie sich das vorstellen. Sie müssen Ihre Mitarbeiter allerdings dazu ausbilden, Ihre Verkäufe während der Happy Hour zu maximieren und gleichzeitig den Gästen ein Serviceerlebnis zu bieten, so dass sie über die Happy Hour hinaus bleiben und/oder auch zu anderen Zeiten kommen. Der Schlüssel hierzu liegt darin, realistische Ziele für Ihre Happy Hour zu setzen.

Senken Sie nicht einfach abwechselnd mit Ihrem direkten Konkurrenten die Preise. Bieten Sie Angebote, die für die Servicemitarbeiter schon die Möglichkeiten zum Zusatzverkauf vorbereiten. Viele Gäste haben sich zum Beispiel schon an das Prinzip „Zwei

Drinks – ein Preis" gewöhnt. Lassen Sie daher während der Zeit dieses Angebotes Ihre Mitarbeiter stets ein zusätzliches Angebot machen: *„Ihr wollt zwei Caipirinhas zum Preis von einem – klasse, heute gibt's dazu nämlich noch eine kleine Auswahl an Tapas für nur 2,50 Euro mehr!"*

Sie können auch das Bier zu einem Happy-Hour-Preis anbieten und Ihre Servicemitarbeiter die nächst größere Ausschankeinheit zu einem kleinen Aufpreis vorschlagen lassen. Das Gleiche gilt für Cocktails. Bieten Sie Ihre Cocktails günstig an und für einen kleinen Aufpreis mit Markenspirituosen.

Motivieren Sie Ihre Mitarbeiter für diese Zwecke mit kleinen Wettbewerben, zum Beispiel für die meisten Zusatzverkäufe von Appetizern oder Upgrades von Drinks. Belohnen Sie den Gewinner beispielsweise mit Rubbellosen oder zwei Ausgaben seiner Lieblingszeitschrift.

Sie können die Happy Hour auch profitabler machen, indem Sie die Gäste zum Verweilen verführen: zum Beispiel zum Abendessen, zu einer Runde Billard oder zur Live-Übertragung des Fußballspiels. Trainieren Sie Ihre Mitarbeiter, Gäste in ungezwungene Gespräche zu verwickeln und sie dabei zum Bleiben einzuladen. Setzen Sie 10 Euro Belohnung für denjenigen aus, der die meisten Happy-Hour-Gäste von einem Abendessen überzeugen kann. Lassen Sie hierfür die Mitarbeiter in der Bar die Cocktailbestellungen zählen, die sie an die Servicemitarbeiter des Restaurants weiterreichen.

Timing ist alles

Natürlich, alles hat einmal ein Ende. Aber warum sollten Sie Ihre Einkünfte beschränken, wo es nicht nötig ist? Bei vielen Bar- und Restaurantbetreibern ist es noch immer üblich, einen umsatzankurbelnden „Last Order" am Ende der Happy Hour durchzusagen. Sicher, um 01.30 Uhr in der Nacht macht dies Sinn, dann wird es nämlich wirklich Zeit zum Saubermachen und Heimgehen. Aber warum zum Ende der Happy Hour, wenn Sie doch möchten, dass Ihre Gäste noch ein bisschen bei Ihnen verweilen? Also trainieren Sie Ihre Mitarbeiter auf das richtige Timing. Erklären Sie ihnen, dass man einen Drink am besten um „Viertelvor-Schluss" verkauft, damit die Gäste zur vollen Stunde am Ende der Happy Hour einen frischen Drink in der Hand halten, statt zusammenzupacken und zu gehen.

43 Bitte nehmen Sie Platz

Spiele und andere Aktionen

Man braucht nicht gerade einen Marketingexperten, um festzustellen, dass man einen höheren Getränkeumsatz macht, wenn die Gäste länger sitzen bleiben. Deshalb versucht die Gastronomiebranche in den letzten Jahren verstärkt, Spiele und Aktivitäten für die Gäste zu entwickeln, um diese zum Bleiben zu bewegen. Ob sie dabei Live-Bands, Sportübertragungen, Karaoke-Wettbewerbe oder elektronische Dartspiele nutzen, überall haben Barbetreiber und -besitzer die Notwendigkeit erkannt, dass es von Vorteil ist, die Verweilzeit der Gäste zu erhöhen und so mehr an sie zu verkaufen.

Zum Beispiel: Billardhallen haben heute nicht mehr das verstaubte Image von früher. Im Gegenteil, Billardräume in altenglischem Stil sind ein erfolgreiches Konzept geworden. Warum auch nicht? Billardräume bieten unglaubliche Möglichkeiten, die Umsätze an der Bar zu maximieren – wenn die Spieler gut spielen, dann liegt es am Drink; spielen sie schlecht, brauchen sie nur einen neuen Drink. Während sie spielen, trinken sie unbewusst und entspannt, beinahe nebenher.

Inzwischen kommen Videospiele oder eine Playstation hinzu, auch ein Internetanschluss kann helfen, Gäste dazu zu bewegen, etwas länger zu bleiben. Vergessen Sie jedoch nicht, Ihnen etwas zu trinken anzubieten. Das richtige Timing lässt sich auch gut auf die Live-Musik anwenden. Lassen Sie die Bands beginnen und/oder den Höhepunkt des Auftritts zu einer Zeit ansetzen, zu der die Gäste für gewöhnlich langsam aufbrechen. Fängt das Nachlassen des Geschäftes für gewöhnlich um 22 Uhr an, lassen Sie die Band um 21.15 Uhr beginnen.

Sportübertragungen im Fernsehen sind ein weiteres probates Mittel, um Gäste zu halten. Daher sollten Sie sich die Fernsehprogramme genauestens ansehen und sich auch für Privatsender interessieren. Wenn Ihre Gäste meist sportbegeisterte Leute sind, lohnt sich diese Anschaffung! Testen Sie aus, ob sie sich auch für andere Sportarten abgesehen von Fußball interessieren und welche Teams außer dem örtlichen noch Publikumsmagneten sind. Lernen Sie Ihre Gäste kennen, denn je mehr Sie ihren Geschmack treffen, desto länger bleiben sie Ihnen treu – an einem einzelnen Tag oder über Jahre.

Die Band im Zaum halten

Viele Barbetreiber haben es aufgegeben, Live-Bands zu enga-
gieren, weil der gesteigerte Umsatz oft gerade einmal die Gage
und das Freibier aufwiegt. Warum aber nicht mehr Verantwortung den Bands übertragen? Statt also mit ihnen eine feste
Gage auszuhandeln, sprechen Sie mit den Bands ab, dass sie die
Eintrittsgelder bekommen. Lassen Sie sie die Werbung für die
Veranstaltungen übernehmen und geben Sie ihnen Richtlinien für
die Werbung, indem Sie sie mit Postern, Mailings und Flyern
Ihres Betriebes versorgen, die sie mit den Hinweisen auf ihren
Auftritt ergänzen. Limitieren Sie mitgebrachte Freunde und Bekannte auf maximal drei pro Bandmitglied. Sie werden nicht allzu
böse sein, denn mehr zahlende Gäste bedeuten, dass auch mehr
Geld in ihre Tasche fließt. Anstatt der Band Freibier zuzusichern,
geben Sie besser eine begrenzte Anzahl von Getränkecoupons
aus, die nur für den Tag des Auftrittes gültig sind.

Happy Birthday, dear Walter ...

44 Treten Sie bei

Treueclub

Humpenclubs der Biertrinker, Tequila-Shooter-Clubs, regelmäßige Treffen von Fußballfanclubs und Feinschmeckerstammtische – dies alles sind erprobte und bewährte Methoden, die besten Gäste zum Wiederkommen zu bewegen. Jeder Club will die Ausgaben von den Gästen erhöhen, die am häufigsten kommen. Aber es ist ja nicht so, als habe der Gast gar nichts davon: Gäste lieben Clubs wegen des Zugehörigkeitsgefühl, das sie vermitteln. Sie haben bewiesen, dass sie Ihr Konzept mögen und wieder kommen – immer und immer wieder –, solange die Treue zu Ihrem Betrieb belohnt wird. Solche Clubmitglieder können Ihre besten Werbemittel darstellen. Sie versorgen Ihren Betrieb mit konstantem Besucherstrom, sorgen für Mundpropaganda und bringen ihre Freunde mit. Behandeln Sie sie daher als Ihren wichtigsten Aktivposten.

Viele dieser Clubs suchen sich einmal eine Stammkneipe, eine Bar oder ein Lieblingslokal aus und treffen sich dort bis zum Jüngsten Gericht. Aber Sie können auch selbst einen Club gründen, um solche Traditionen nicht dem Zufall zu überlassen. Die meisten treten einem Club aufgrund eines besonderen Angebotes bei. Andere werden von Freunden „eingeschleust". Sie sollten niemals eine Mitgliedsgebühr verlangen. Clubs, die sich bei Ihnen regelmäßig treffen, sind ein Marketingwerkzeug, dass Gewinne und neue Kunden garantiert. Warum dafür extra zahlen? Es ist vielmehr notwendig, den Clubbeitritt so einfach wie möglich zu gestalten.

Ist ein Gast einmal Mitglied, sollten Ihre Servicemitarbeiter ihm immer das Gefühl vermitteln, wie ein VIP behandelt zu werden. Das größte Verbrechen, das Sie an diesen Clubmitgliedern verüben können, ist, sie zu ignorieren, wenn sie durch die Tür kommen.

Übrigens: Vereine, Clubs und Stammtische sind der beste Weg für Sie, Ihre Kundendatenbank mit persönlichen Informationen zu füttern. Dabei müssen Ihre Mitarbeiter helfen: Wer hat wann Geburtstag, arbeitet wo, sucht noch einen schönen Rahmen für eine Jubiläumsfeier? Natürlich bieten Sie für solche Fälle immer Ihren Betrieb an, um solche Anlässe zu begehen!

Zeit für ein Gespräch?

Eine konstante, persönliche Kommunikation mit den Clubmitgliedern aufrechtzuerhalten, ist die Basis jeder Form von Treueclub. Nichts bringt Leute so häufig wieder in Ihren Betrieb wie das persönliche Gespräch oder ab und zu ein Brief zu ihnen nach Hause. Laden Sie sie als Erste zu besonderen Veranstaltungen ein, erwägen Sie, eine kleine Monatszeitschrift für sie herauszugeben – nichts Umfangreiches: Geburtstage der Mitglieder, Clubveranstaltungen, Jubiläen usw. Legen Sie Ihren Sendungen Getränkegutscheine oder Probierangebote bei, die auf Ihre treuesten Gäste zugeschnitten sind.

45 Nur ein Vorgeschmack

Mottoabende

Ob es sich um eine Wein- und Käseverkostung, ein Hausbräu-Probetrinken oder eine Tex-Mex-Night handelt: Veranstaltungen, die an bestimmte Getränke geknüpft sind, gehören zu den besten Werbeveranstaltungen für Ihren Betrieb. Sie steigern nicht nur für einen Abend den Gewinn, sondern kreieren ein positives Image Ihres Betriebes, das mit diesem Getränk verbunden ist. Der Schlüssel zum Erfolg ist aber auch hier die sorgfältige Planung. Sie können sich nicht einfach eine nette große Veranstaltung ausdenken und erwarten, sie nächste und übernächste Woche erfolgreich wiederholen zu können. Im Folgenden finden Sie einige Tipps für die richtige Staffelung von Veranstaltungen:

🍸 Entscheiden Sie sich für die Art der Veranstaltung, die Sie durchführen möchten. Wie oft möchten Sie sie durchführen? Elegante Smoking-und-Abendkleid-Events hält man besser nur einmal im Jahr ab, zwanglose Probiermenus können Sie auch einmal pro Monat servieren. Benötigen Sie dazu einen Redner, einen Entertainer oder Musiker? Oder soll die Veranstaltung ohne Rahmenprogramm durchgeführt werden?

🍸 Werden Sie die Veranstaltung allein vorfinanzieren oder möchten Sie eine Getränkehandlung oder einen Zulieferer als Sponsor gewinnen? Getränkehersteller sind oft dazu bereit, vorausgesetzt, ihr Getränk ist der Schwerpunkt der Veranstaltung. Vielleicht können Sie einen Preisnachlass erwirken, wenn Sie nur eine Auswahl einiger Hersteller anbieten.

Y Ist die Frage der Finanzierung geklärt, überlegen Sie sich, auf welchen Getränken der Schwerpunkt liegen soll. Testen Sie zunächst. Dann bitten Sie Ihren Chefkoch darum, das passende Menü zu entwerfen. Dies ist eine gute Gelegenheit für ihn, sein Können ins Rampenlicht zu rücken, aber achten Sie auch darauf, dass das Angebot nicht zu sehr von dem abweicht, was Sie Ihren Gästen sonst bieten. Da es sich um eine besondere Veranstaltung handelt, müssen Sie den Preis leicht oberhalb dessen ansetzen, was Sie normalerweise im Durchschnitt für ein Essen pro Gast veranschlagen, aber weichen Sie nicht zu weit von Ihren üblichen Preisen ab.

Y Überlegen Sie, wie Sie für die Veranstaltung werben möchten. Soll es eine offene Veranstaltung sein? Dann hängen Sie in Ihrem Betrieb Poster auf, die früh genug auf dieses Event hinweisen. Beschränken Sie sich auf eine geschlossene Gesellschaft mit Ihren besten Gästen? Stellen Sie eine Mailingliste zusammen und lassen Sie Einladungen drucken. Stellen Sie sicher, dass Ihr Brief alle für die Gäste notwendigen Informationen enthält.

Y Entscheiden Sie, wo das Ereignis stattfinden soll. Können Sie es sich leisten, dafür den ganzen Betrieb für andere Gäste zu schließen? Haben Sie einen Partyraum für solche Anlässe? Kleine Veranstaltungen können Sie während des normalen Gästeverkehrs auch im allgemeinen Speisesaal abhalten. Auf diese Weise sagen sich auch andere Gäste: „Hey, das sieht toll aus, nächstes Mal will ich dabei sein!" Stellen Sie sicher, dass Ihre Gäste bei dieser Veranstaltung nur von gut trainierten Mitarbeitern mit ausgezeichneten Produktkenntnissen bedient werden.

Wer ist hier der Gastgeber?

Für einen besonderen Anlass sollte man einen „Gastgeber" ernennen! Werden Sie das sein? Jemand von den Getränkesponsoren? Ein örtlicher Weinhändler? Die Pflichten des Gastgebers umfassen die förmliche Begrüßung der Gäste, wenn sie ankommen und nochmals, wenn sie sich zum Abendessen setzen. Er ist für eine kleine Rede über den Hintergrund der Veranstaltung zuständig und spricht über die Speisen und Getränke des Abends. Hier liegt die Würze in der Kürze! Sponsoren, die sich Redezeit erbitten, sollten zu einigen netten Worten eingeladen, aber von einschläfernden Verkaufsveranstaltungen dringend abgehalten werden.

46 Sie sind eingeladen

Die Kosten für Werbesendungen kontrollieren

Welcher Weg ist am effektivsten, um Gäste zum Wiederkommen zu bewegen? Sie *einzuladen*! Egal wie toll Ihre Eigenwerbung in Ihrem Betrieb ist, Sie riskieren trotzdem, dass Gäste Ihre Poster und Tischaufsteller nicht zur Kenntnis nehmen. Aber wenn Sie Ihnen einen kurzen Brief nach Hause schicken und Sie persönlich einladen, erhöhen Sie die Chancen deutlich, dass die Gäste genau das tun werden. Mit Bedacht eingesetzt, ist Ihre Gästedatenbank Ihr bestes Marketinginstrument.

Jedes Mal, wenn Sie eine Visitenkarte erhalten, ergänzen Sie die Daten Ihrer Datenbank. Nutzen Sie hierzu auch die bewährte „Fischglasmethode", um Visitenkarten zu erhalten: Stellen Sie an der Kasse oder am Eingang ein großes Glas auf und bitten Sie Ihre Gäste, Ihre Karten dort einzuwerfen. Wählen Sie einen Ihrer Mitarbeiter aus, die Datenbank zu pflegen, Verbindungen herzustellen und Duplikate auszusondern. Überlassen Sie es der Aufmerksamkeit Ihrer Mitarbeiter, diese Daten um persönliche Informationen zu erweitern. Wer redet gerade über seine bevorstehende Hochzeit? Wer bekommt demnächst ein Baby? Wer hat bald Geburtstag, ein Jubiläum, spielt in einer erfolgreichen lokalen Sportmannschaft? Solche in Ihrer Datenbank festgehaltenen Daten erweisen sich als hilfreiches Mittel, um gezielte Mailings durchzuführen. Zum Beispiel so: *„Wir haben gehört, dass Sie nächsten Monat Geburtstag haben. Können wir Ihnen für dieses Ereignis in irgendeiner Weise unsere Dienste anbieten?"*

Das Problem mit Datenbank gesteuertem Marketing sind die hohen Portogebühren. Folgen Sie diesen Hinweisen, um die Kosten so gering wie möglich zu halten:

- Schicken Sie nicht heute zehn und morgen zehn Briefe, sondern legen Sie Aktionen zusammen. Das richtige Timing ist dazu sehr wichtig, planen Sie daher Ihre Mailings sorgfältig und sichern Sie sich dadurch die günstigere Gebühr für die „Info-Post".

- Wenn Ihr Briefaufkommen zu gering ist, um die günstigen Tarife eines Kurierdienstes zu erhalten, schließen Sie sich mit einem benachbarten Unternehmen zusammen und profitieren Sie gemeinsam vom Rabatt. Überlegen Sie sich, von der Post eine Frankiermaschine zu mieten, damit Sie nicht ständig mit dem Beschaffen und Aufkleben von Briefmarken beschäftigt sind.

- Postkarten sind schneller, bequemer und billiger als Briefe, auch wenn es darum geht, Ihre Einladung an den Mann oder die Frau zu bringen! Überlegen Sie, ob Sie statt neutraler Postkarten, die Sie mit Ihrem Einladungstext versehen, Karten drucken lassen, die auf der Vorderseite gleichzeitig für Ihren Betrieb werben.

- Drucken Sie Ihre Adressetiketten über den Drucker aus, damit unleserliche Anschriften nicht zu unnötigen Portokosten führen (aus demselben Grund sollten Sie Ihre Datenbank auch möglichst häufig und regelmäßig pflegen).

Sie haben Post!

Nutzen Sie diese Checkliste bei jeder Mailingaktion, die Sie durchführen:

- Y Zieht sie die Aufmerksamkeit des Gastes auf sich?

- Y Zielt sie auf das Bedürfnis des Gastes ab?

- Y Zeigt sie, wie dieses Bedürfnis befriedigt wird?

- Y Veranlasst sie den Gast zum Handeln?

Jedes Nein auf eine dieser Fragen sollte Sie zur Änderung Ihres Marketingmaterials veranlassen.

Im Verkehr stecken geblieben?

Satelliten-Bars verhindern lange Schlangen

Wenn Zeit wirklich Geld ist, denken Sie einmal an die Tausender, die Sie jedes Jahr verlieren, weil Gäste zu lange in der Schlange warten, bis sie endlich bedient werden. Und wie viele Tausender mehr haben Sie verloren, weil Gäste zu lange warten mussten und sich Ihren Drink daraufhin lieber in der Bar nebenan holten? Natürlich sind lange Schlangen ein Zeichen des Erfolges – eigentlich das, was sich jedes Unternehmen wünscht. Aber wenn Sie diese Besucherströme nicht erfolgreich managen und die Leute mit ihren Drinks versorgen, verlieren Sie schneller Gäste, als Ihr Barkeeper „Prosit" sagen kann.

Eine Lösung für dieses Problem könnte die Einstellung eines weiteren Barkeepers sein, der nur für die betriebsamsten Stunden und/oder Tage kommt, zum Beispiel Freitag- und Samstagabend und zur Mittwochs-Chill-out-Party. Sind die Gästezahlen aber häufig deutlichen Schwankungen unterworfen und solche Stoßzeiten schwer im Voraus zu ermitteln, haben Sie Personalkosten, die sich nicht lohnen.

Setzen Sie besser auf das Aufstellen von Satelliten-Bars, die sich in Ihrem Betrieb verteilen. Anstatt in Fünferreihen an der Bar zu stehen, können sich die Gäste schnell ein Bier von der „Zweigstelle" auf der anderen Seite des Raumes holen. Satelliten-Bars müssen nicht komplett mit allem ausgestattet sein, was sich auch an der eigentlichen Bar befindet. Sehen Sie in ihnen einfach eine Art Minibar.

Trainieren Sie Ihre Barkeeper darauf, die am meisten nachgefragten Cocktails vorzubereiten. Oder lassen Sie einen Eiskühler mit den am häufigsten verlangten Bieren dazustellen. Die meisten Servicemitarbeiter wird die kleine Extraarbeit vor der heißen Phase des Geschäfts nicht stören. Wahrscheinlich erhalten sie dadurch anschließend ein besseres Trinkgeld und müssen sich dafür nicht so häufig durch das Getümmel an der Bar kämpfen. Und die Gäste freuen sich, weil die Servicemitarbeiter die Getränke schneller und stressfreier an den Tisch bringen.

Terrassen sind immer ein guter Platz für permanente Satelliten-Bars, aber denken Sie auch an andere Orte. Schauen Sie sich einmal genau an, welche Wege Ihre Gäste nehmen. Generell häuft sich alles um die Bar herum – suchen Sie sich daher Plätze gegenüber der Bar oder in Ecken, die nicht so überfüllt sind.

 TIPP

Mobil werden

Wenn Ihr Betrieb aus allen Nähten kracht und die Gäste kommen kaum an die Bar, um sich einen Drink zu bestellen – lassen Sie die Bar zu ihnen kommen. Ihre Servicemitarbeiter können mit einem Tablett, einer Flasche und einigen Shooter Gläsern herumgehen. Viele Nachtclubs machen ein unglaubliches Geschäft mit solchen „nebenbei" ausgeschenkten Getränken und wandernden „Getränkespendern". Diese kleinen „Schüsse" sind häufig Spirituosen mit einer großen Gewinnspanne, die günstigere Zutaten mit dem nötigen Schuss Alkohol aufpeppen. Am besten verkauft man solche Drinks, indem man sie sehr kreativ präsentiert, so dass sie das Augenmerk der Gäste sofort auf sich ziehen: Verkaufen Sie „Schnellschüsse" in auffälligen Gläsern, nutzen Sie Trockeneis für Nebeleffekte. Setzen Sie Ihre Phantasie ein!

Getränkeausgabe

Getränke werden manchmal ohne System von den Barkeepern am Ausgabepass abgestellt. Die Servicekräfte suchen dann ihre Drinks unter vielen, die an der Theke stehen. Jedes Getränk wird teilweise fünfmal angefasst, um anhand des Bons herauszufinden, für welchen Gast es bestimmt ist. Der gesamte Prozess der Getränkeaufnahme dauert auf diese Weise etwa eine Minute.

Durch mit breitem Kreppband markierte Bahnen (wie beim Wettlauf) auf dem Ausgabetisch hat jeder Servicemitarbeiter seine eigene „Getränkebahn" und kann die Getränke stressfreier aufnehmen, ohne lange suchen zu müssen. Jede Bahn ist mit dem Namen eines Servicemitarbeiters gekennzeichnet. Die Dauer der Getränkeaufnahme verkürzt sich auf fünf Sekunden.

Eine Top-Adresse ...

48 Sonnige Zeiten

Maximieren Sie Ihre Bargewinne, indem Sie Ihre Terrasse aufpeppen

Nichts geht über wärmende Sonnenstrahlen, die die Menschen dazu verleiten, sich viel häufiger niederzulassen, um etwas zu trinken. Ein magischer Ort für Sonnenanbeter sind Ihre Außenanlagen, wo sie unter freiem Himmel und im angenehmen Schatten der Schirme Speisen und Getränke genießen können. Von Mai bis September lieben es Gäste, draußen zu sitzen und in der Sonne kühle Drinks zu genießen. Wenn Sie über Außenanlagen verfügen oder erwägen, solche einzurichten, stellen Sie sicher, dass es sich um einen Ort handelt, der die Menschen auch zum Verweilen einlädt. Hier ist eine kleine Checkliste für Ihre Außenanlage:

⌕ Sorgen Grünpflanzen, Rasen und Blumen für ein angenehmes Ambiente oder benötigen Sie ein wenig Pflege, um den Gästen eine Augenweide zu sein? Müssen Sie gewässert oder gestutzt werden? Wenn die Pflanzen schon am Vertrocknen sind – was glauben Ihre Gäste, wie bei Ihnen der Service ist?

⌕ Wie sieht es mit dem Faktor „Sonne" aus? Stellen Sie an sonnigen Stellen Schirme auf, damit die Gäste länger sitzen bleiben können, ohne sich einen Sonnenbrand zuzuziehen. Lassen Sie für Sonnenhungrige auch einige Tische und Stühle unbeschattet. Schließen Sie die Schirme in der angenehmen Nachmittagssonne, damit der Platz genug Tageslicht behält.

Y Haben Sie einen Notfallplan, falls Ihre Gäste draußen plötzlich von einem heftigen Sommerregen überrascht werden? Wenn nicht, sollten Sie einen ausarbeiten und schriftlich fixieren. Stellen Sie zu Beginn jeder Saison sicher, dass alle Servicemitarbeiter den Plan kennen und Ihre Gäste sicher durch solch einen Engpass führen.

Y Wenn Sie immer wieder Schwierigkeiten mit Stechinsekten haben, mögen folgende Tipps nutzen: Erwägen Sie das Aufstellen eines Moskitonetzes. Erkundigen Sie sich bei der Feuerwehr, wer dafür zuständig ist, Bienen- und Wespennester von Gebäuden zu entfernen. Stellen Sie Duftlampen auf, die mit Insekten abwehrenden ätherischen Ölen gefüllt sind.

Y Stellen Sie sicher, dass alle Ihre Außenmöbel „windgeprüft" sind. Nutzen Sie Serviettenringe, damit die Servietten nicht vom Winde verweht werden. Ihre Mitarbeiter sollten an unbesetzten Tischen automatisch die Speisekarten mit dem Aschenbecher beschweren. Sorgen Sie vor allem dafür, dass Ihre Sonnenschirme starkem Wind trotzen können, sonst sind Ihre Gäste in höchster Gefahr und Ihnen drohen möglicherweise Schmerzensgeldklagen. Nutzen Sie Tischklemmen für die Tischtücher.

Y Sind die elektrischen Außenanschlüsse gegen Wasser abgesichert? Überprüfen Sie, dass Sie genügend wasserdichte elektrische Anschlüsse haben, um alle draußen notwendigen Geräte und die Beleuchtung zu betreiben.

Y Halten Sie immer einige hochsaugfähige Handtücher zur Verfügung, damit Ihre Mitarbeiter nach einem Regenschauer die Tische und Stühle schnell trockenwischen können, was mit normalen Handtüchern erheblich länger dauert.

Y Überlegen Sie sich Ihre Personalstrategie vor Saisonbeginn genau. Lassen Sie sich nicht von plötzlichen und frühen sonnigen

Tagen überraschen, an denen Sie ohne Personal dastehen! Wenn Sie neue Mitarbeiter einstellen, beginnen Sie besser frühzeitig mit dem Training, damit sie Ihren hohen Anforderungen standhalten und im Umgang mit den Gästen sicher und freundlich sind.

Fünf Wege, mehr Margaritas zu verkaufen

Y Nutzen Sie attraktive Gläser und lassen Sie Ihre Mitarbeiter die Getränke an den Gästen vorbeiparadieren, wenn sie sie servieren.

Y Lassen Sie Ihren Lieferanten eine Tequila- beziehungsweise Margaritaveranstaltung durchführen: komplett mit Dekoration, witzigen Spielen und der passenden Musik.

Y Testen Sie die Produktkenntnis Ihrer Mitarbeiter. Wissen sie alles über Margaritas? Kennen sie alle Variationen und die dazu notwendigen Zutaten?

Y Bieten Sie in den Ferien Themen-Margaritas an, beispielsweise länderspezifisch: italienisch mit Prosecco und Bellini, spanisch mit Rotwein und Sangria, französisch mit Cidre, Absinth oder Pastis.

Y Kombinieren Sie letzteres mit Antipasti (Italien), Tapas (Spanien) oder belegten Baguettes (Frankreich).

Nummer 12 aus Ungarn. Kommt sofort!

49 Eene, meene, meck

Entwerfen Sie eine Weinkarte, die zum Bestellen animiert

Das beste Mittel, das Sie haben, um viel Wein zu verkaufen ist – Ihre Weinkarte! Leider scheitern viele Restaurants und Bars daran, ein gutes Design für ihre Weinkarte zu entwickeln. Die Voraussetzung für eine verkaufsfördernde Weinkarte ist, zunächst herauszufinden, wonach Leute auf einer Weinkarte suchen. Ferner muss man wissen, wie die Augen des Gastes über die Karte wandern. Es folgen einige Anregungen, wie Sie das Beste aus Ihrer Weinkarte machen können:

- Generell möchten Leute vier Dinge von einem Wein wissen: „Rot oder weiß?", „Lieblich oder trocken?", „Passt er zu der von mir gewählten Speise?" und „Wie viel kostet er?" (diese Reihenfolge ist nicht zwingend).

- Sinnvoll und üblich sind Weinkarten, die die Weine zunächst nach Farbe sortiert auflisten, beginnend mit den lieblichen bis zu den trockenen (oder umgekehrt). Setzen Sie einen Hinweis hierüber an den Beginn der Karte. Eine solche Ordnung vereinfacht den Gästen das Suchen und erleichtert es den Servicemitarbeitern, Empfehlungen zu machen. Um die Weinkarte noch kundenfreundlicher zu gestalten, listen Sie doch ein oder zwei Speisen aus Ihrem Angebot dazu auf, die am besten zu diesem Wein passen.

- Sortieren Sie Weine niemals nach dem Preis. Die Gäste gehen dann unweigerlich mit dem Finger die Zeilen hinab, bis sie irgendwo in der Mitte sind. Sie möchten einerseits nicht geizig oder ärmlich wirken, andererseits auch kein Vermögen ausgeben.

Y Am besten bieten Sie eine weite Preisspanne an. Wenn Sie nur einen Wein zu 20 Euro und einen zu 10 Euro anbieten, wird die Mehrzahl der Gäste den günstigeren Wein bestellen, auch in teureren Restaurants. Sind die Preise der Weine unverhältnismäßig hoch, gehen Gäste dazu über, Bier oder Wasser zu bestellen und verbringen den Abend damit, über die Höhe der Rechnung zu grübeln. Vielleicht hätten sie aber gerne 15 Euro für einen guten Wein bezahlt – Sie werden es nie erfahren!

Y Auf der Karte oben aufgelistete Produkte verkaufen sich erfahrungsgemäß am besten. Das leuchtet ein, denn es ist nun mal unsere Gewohnheit, von oben nach unten zu lesen. Die zuerst angeführten Dinge prägen sich auch besser ein, alles Folgende muss mühsam Aufmerksamkeit erringen. Setzen Sie daher die Weine mit der besten Gewinnspanne an den Anfang. Produkte, die als zweites und letztes genannt werden, schneiden ebenfalls besser als alle anderen ab.

Y Überlegen Sie, ob Sie die Weine durchnummerieren, so dass Ihre Gäste sich nicht die Zunge beim Aussprechen ausländischer Namen verknoten oder aus Angst, dass ihnen dies passieren könnte, auf die Bestellung verzichten. Können Sie ganz lässig einen Magyar Állami Pincegazdaság aus Ungarn bestellen? Zu guter letzt: Wer immer mit dem Wein zu tun hat, stellen Sie sicher, dass *alle* Mitarbeiter die Weine an ihren *korrekten* Platz stellen!

TIPP

Weinkarten im Computerzeitalter

Weinkarten müssen sich nicht durch exklusives Design oder gar einen ledernen Einband auszeichnen. Es können simple Computerausdrucke sein, die man jederzeit am PC ändern kann. Tatsächlich empfinden viele kleinere Betriebe mit einer überschaubaren Weinkarte gerade diese Flexibilität als Vorteil. Sollte sich ein Wein am Vorabend besonders gut verkauft haben und tatsächlich „aus" sein, können Sie schnell eine um diesen Wein gekürzte Seite einfügen. Damit ersparen Sie Ihren Mitarbeitern den peinlichen Satz: „Oh, tut mir Leid, der ist ausverkauft!" Außerdem können Sie flexibler auf spezielle Angebote Ihrer Händler reagieren, einen neuen Wein aufnehmen oder Gäste auf einen besonderen, nur kurzfristig verfügbaren Wein aufmerksam machen.

Wir fahren jetzt nach Hause

50 Die Pflicht ruft

Maßnahmen für verantwortungsvolles Trinken

Jedes Jahr gibt es auf deutschen Straßen viele Tote zu beklagen, die bei alkoholbedingten Unfällen sterben. Nicht zu vergessen sind die vielen Verletzten, die auf das Konto verantwortungsloser Trinker gehen, sowie die Sachschäden in Millionenhöhe. Was tragen Sie dazu bei, diese Zahlen zu minimieren? Sie allein können die Statistik vielleicht nicht merklich beeinflussen, aber in Ihrem eigenen Interesse sollten Sie es zumindest versuchen.

Ein alkoholbedingter Unfall, in den Ihr Betrieb verwickelt ist, kann Ihnen eine Publicity bescheren, auf die Sie lieber verzichten würden. Wenn Leute hören, dass ein sturzbetrunkener Autofahrer ein Kind überfahren hat, empfinden sie Mitleid mit dem Kind, Wut und Verachtung für den Fahrer – und komplettes Unverständnis für einen Gastronom, der den Fahrer noch ans Steuer ließ beziehungsweise zu viel ausschenkte.

Bedenken Sie die Folgekosten in Zeiten, in denen die öffentliche Meinung den Tatort von der Straße in die Bar verlegt, wo der Fahrer „aufgetankt" hat. *Ein* Unfall kann für eine Rufschädigung sorgen, die sie viele Gäste kostet. Wenn Sie einen betrunkenen Autofahrer ans Steuer lassen, haben sie vielleicht nicht nur diesen Gast für immer verloren, sondern möglicherweise auch viele andere Gäste, die es vorziehen, einen solch verantwortungslosen Betrieb nicht mehr aufzusuchen.

Deshalb profitieren Sie, wenn sie auf den fahrenden Zug des „verantwortungsvollen Trinkens" aufspringen. Auf den ersten Blick scheint es den Interessen Ihres Betriebes zuwiderzulaufen. Sie verbringen so viel Zeit damit, herauszufinden, wie Sie mehr Alkoholika verkaufen können, dass es schwer fällt, einen Gang zurückzuschalten und darüber nachzudenken, wie Sie den Gästen *weniger* ausschenken können. Sie wären jedoch bei weitem nicht der einzige Betrieb, der immer mehr Verantwortung für den kontrollierten Umgang mit Alkohol übernimmt.

Heutzutage macht es nicht nur Sinn, sich für den verantwortungsbewussten Umgang mit Alkohol einzusetzen, es ist geradezu ein Marketingmittel geworden. Wenn Sie einmal daran denken, wie offensichtlich der Marketingwert dieser Strategie ist: Derjenige mit dem Autoschlüssel bestimmt häufig darüber, wohin die ganze Gruppe fährt. Wenn er nun zum Beispiel weiß, dass er als auserkorener Fahrer bei Ihnen den Abend über alkoholfreie Drinks *gratis* bekommt – wo würde er wohl hinfahren?

Wenn Sie Gästen für die Heimfahrt ein Sammeltaxi auf Ihre Kosten bestellen, werden diese wahrscheinlich ihren Abend mit reichlich Alkohol bei Ihnen verbringen und nicht zu einer anderen Bar fahren.

Raus hier!

Viel zu häufig bedienen Barmitarbeiter offensichtlich betrunkene Gäste weiter, weil sie nicht wissen, wie sie sie vom Nachschub abschneiden sollen, ohne sie zu beleidigen. Für Barbetreiber, die befürchten, gute Gäste vor den Kopf zu stoßen, folgen hier einige Tipps, sie hinauszugeleiten:

Y Sprechen Sie leise. Machen Sie keine Szene. Zügeln Sie Ihre Körpersprache.

Y Seien Sie freundlich, aber bestimmt. Verurteilen Sie nicht und geben Sie keine väterlichen Ratschläge.

Y Fassen Sie den Gast auch in einer Stresssituation nicht an.

Y Haben Sie einem Gast ein weiteres Getränk verweigert, machen Sie alle anderen Mitarbeiter darauf aufmerksam, damit sich nicht ein anderer von ihm „einwickeln" lässt.

Y Wird ein Gast streitlustig, rufen Sie den Manager, den Türsteher oder den Wachdienst. Meist reicht das, falls nicht, zögern Sie nicht, die Polizei zu rufen, bevor andere Gäste unter einem Gast zu leiden haben – allzu schnell wandelt sich anfängliche Belustigung in Betroffenheit, die die Gäste zum Gehen veranlasst. Und allzu schnell hat Ihr Betrieb einen schlechten Ruf.

Aktionsplan

Um die Ideen dieses Buches am effektivsten für sich zu nutzen, empfehlen wir Ihnen, den folgenden Schritten zu folgen:

- Lesen Sie das Buch von vorne bis hinten durch.

- Notieren Sie sich Stichpunkte und machen Sie für jedes Kapitel eine Liste mit Ideen, die sich für Ihren Betrieb am besten übernehmen lassen.

- Geben Sie jedem Manager, Assistant Manager und Barmanager ein Exemplar dieses Buches.

- Lassen Sie auch sie Stichpunkte notieren und für die jeweiligen Kapitel die für sie am besten geeigneten Ideen herausschreiben.

- Setzen Sie ein Meeting an, bei dem das Management, das Mitarbeitertraining und die Marketingstrategien diskutiert werden.

- Bestimmen Sie eine Prioritätenreihenfolge für die Ideen aus diesem Buch. Damit können Sie eine Barmanagement-Strategie, eine Mitarbeitertrainingsstrategie und eine Marketingstrategie festlegen.

- Ernennen Sie einen speziellen Mitarbeiter zum „Kapitän", der sich um die Umsetzung jeder Strategie kümmert.

Barmanagement-Strategie – ein Beispiel

- Entwickeln Sie Verfahren für die regelmäßige Überprüfung der Barkeeper. Führen Sie Vorgehensweisen für die Manager ein, wie sie die Unterstützung in der Bar gestalten sollen.

- Ernennen Sie einen Manager, der sich um die Lagerhaltung und die Bestellungen kümmert. Führen Sie Routinekontrollen im Lager ein, um eventuelle Überversorgungen abzustellen.

- Überprüfen und bewerten Sie Ihre Lieferanten im Hinblick auf Preise und Serviceleistungen. Nehmen Sie gegebenenfalls Änderungen zu Ihrem Vorteil vor.

- Legen Sie genaue Regeln für die Warenannahme fest und bestimmen Sie die dafür vorgesehenen Mitarbeiter. Vereinbaren Sie mit den Lieferanten feste Lieferzeiten.

- Überprüfen Sie die Preisgestaltung Ihres Speise- und Getränkeangebotes und passen Sie Ihre Speise- und Getränkekarten Ihren Ergebnissen entsprechend an.

- Bewerten Sie die Kosteneffizienz Ihrer Glaswaren, Tischdecken, Servietten, Aschenbecher, Untersetzer, Strohhalme usw. Nehmen Sie gegebenenfalls auch hier Veränderungen vor.

- Berechnen Sie die Kosteneffizienz der Getränke mit wenig Alkohol beziehungsweise der Alkoholersatzgetränke.

- Überprüfen Sie Ihren Eismaschinenvertrag sowie die Leistungsfähigkeit und Kapazität Ihrer Eismaschinen.

- Legen Sie tägliche Meetings für die Zeit vor dem Schichtbeginn fest und führen Sie Trainingsprogramme für Ihre Servicemitarbeiter ein, inklusive Rollenspiele und Verkaufsförderungsprogramme.

Strategien für das Mitarbeitertraining – ein Beispiel

Planen Sie regelmäßige Trainings, aufgeteilt in drei Kategorien:

1. Gästeservice

- „Eisbrecher" und Kontaktaufnahme

- Serviceplus: kleine Verwöhnmomente

- Lernen und Anwenden von Gästenamen

- Beachtung des Jugendschutzgesetzes

2. Suggestives Verkaufen

- Verkaufshilfen

- Beschreibende, verkaufsfördernde Worte und Satzbausteine

- Körpersprache

- Verschiedene Verkaufstechniken

- Empfehlen von Bier, Wein, Cocktail, Digestifs und Champagner

3. Produktkenntnis

- Perfektes Bier zapfen / saubere Biergläser

- Spezialbiere

- Wein und dazu passende Speisen

- Aussprache von Weinnamen

- Öffnen und Präsentieren von Weinflaschen

Marketingstrategie – ein Beispiel

- Beurteilen Sie Ihre jetzigen Marketingaktivitäten.

- Untersuchen Sie die Wettbewerbslage und die Ansprüche Ihrer Gäste.

- Setzen Sie sich Marketingziele.

- Entwickeln Sie einen Marketingplan für den Zeitraum eines Jahres.

- Bewerten Sie das Design Ihrer Weinkarte, das Point-of-Sale-Material und Ihre sonstigen Werbematerialien.

- Beziehen Sie Ihre Mitarbeiter und Ihre Lieferanten in Ihre Marketingstrategien mit ein.

- Bewerten Sie Ihre jetzige Happy Hour, Ihre Stammgast- oder Treueclubbetreuung und „Fahrerkonditionen". Nehmen Sie gegebenenfalls Änderungen vor.

- Ernennen Sie Mitarbeiter, die sich um die Gästedatenbank kümmern. Entwickeln Sie einen Marketingplan anhand Ihrer Gästedatenbank.

Die Autoren

Jean Georges Ploner ist Geschäftsführer von Pencom Deutschland, Sohn eines Straßburger Gastronomen und arbeitete viele Jahre in der Gastronomie, wo er Erfahrungen bei Hilton, Kempinski, Accor, Mövenpick und im Heritage Hotel Stirling sammelte. Er ist Absolvent der Hotelfachschule Heidelberg und seit 1988 im Trainingsbereich tätig. Jean Georges Ploner arbeitete unter anderem für die Unternehmen Accor, Ramada/Renaissance, Marriott, Kempinski, Sodexho, Schüler-Presinger-Nierhaus und IBM Akademie. Seine Überzeugung: „Service ist der Spiegel der Unternehmenskultur."

Hans-Jürgen Hartauer absolvierte eine Ausbildung zum Restaurantfachmann und war als Assistant Barchef im Königshof, München, tätig. Während seiner 10-jährigen Selbstständigkeit als Inhaber eines Café-Restaurants erhielt er verschiedene Auszeichnungen bei Barwettbewerben – unter anderem Martini Grand Prix-Sieger Deutschland, St.-Moritz-Cup-Sieger – und erreichte den elften Platz bei der Weltmeisterschaft 1991. Hans-Jürgen Hartauer führt seit 1992 Barkeeperschulungen durch und ist spezialisiert auf Bartraining, Barorganisation und Bargestaltung.

Wenn Sie an mehr Informationen über Pencom oder an unseren Produkten interessiert sind, mit uns über Barorganisation oder Bartrainings sprechen wollen, rufen Sie uns bitte an oder schreiben Sie uns. Wir freuen uns darauf, von Ihnen zu hören.

PENCOM Deutschland GmbH
Burgstraße 5
60316 Frankfurt

Telefon: (0 69) 13 37-98 55
Fax: (0 69) 13 37-99 57
E-Mail: jploner@pencom-deutschland.de
Homepage: http://www.pencom-deutschland.de

GASTROMANAGEMENT